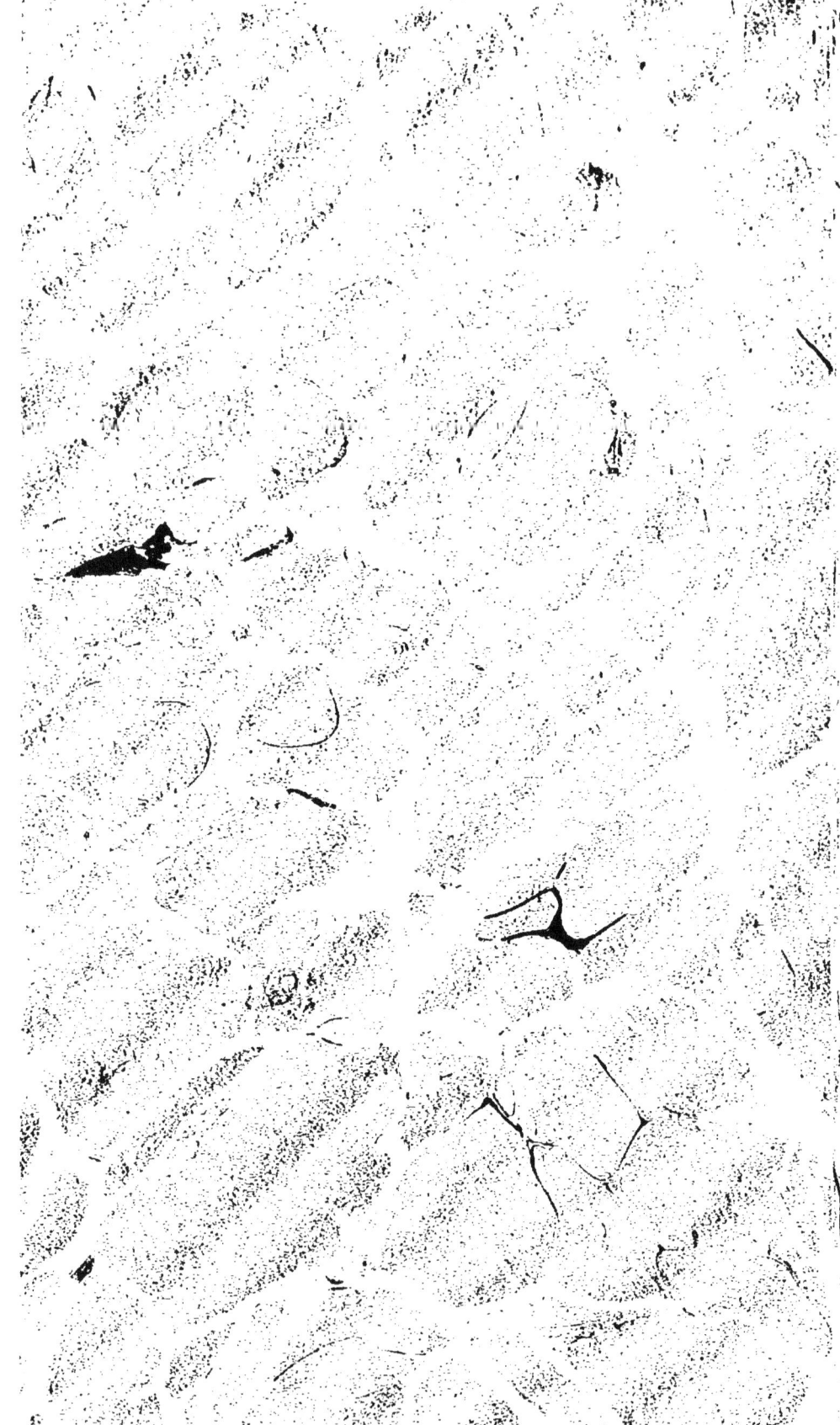

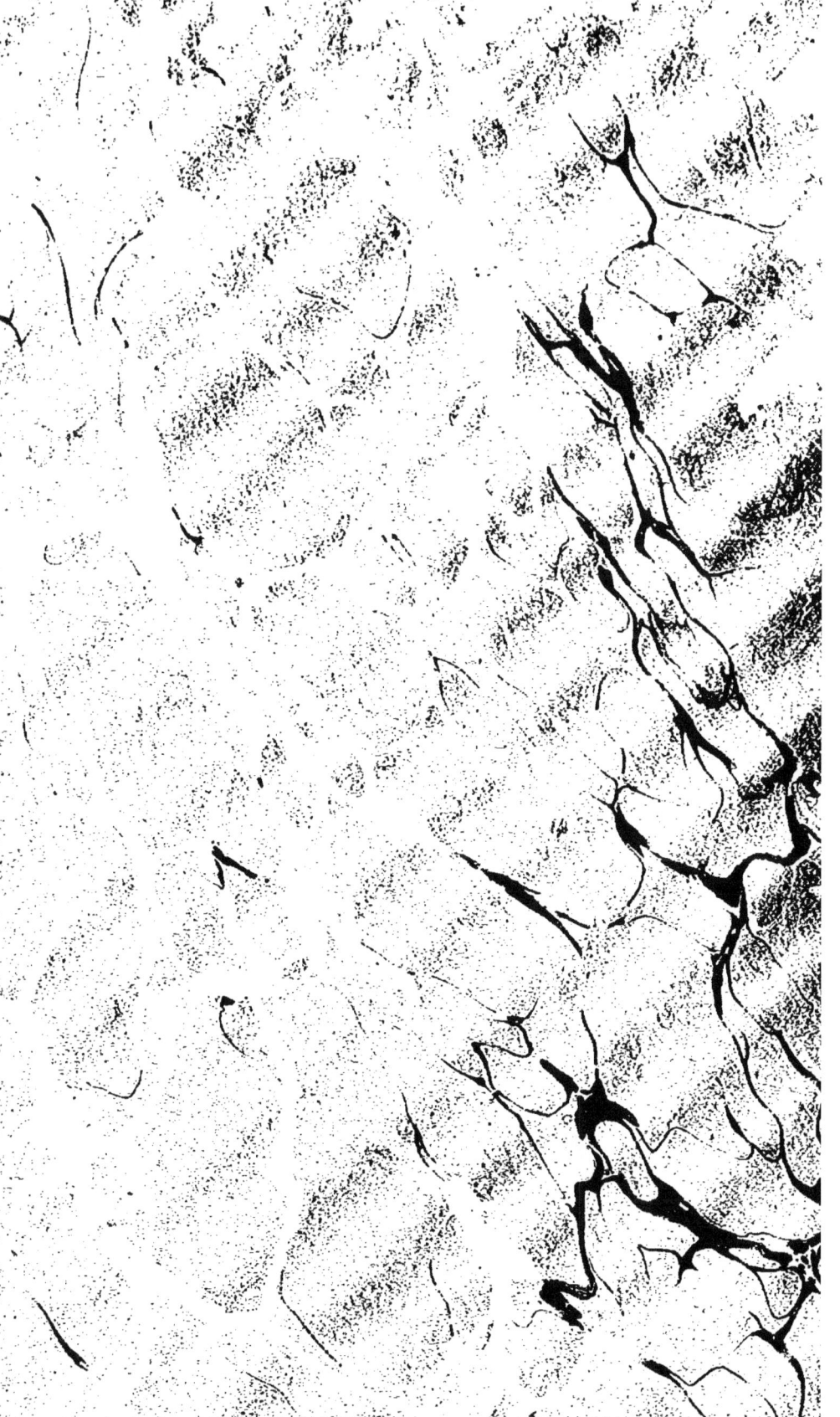

ESSAI
SUR
LA MÉTHODE
EN MÉTAPHYSIQUE

PAR

Paul DUBUC

ANCIEN ÉLÈVE DE L'ÉCOLE NORMALE SUPÉRIEURE

AGRÉGÉ DE PHILOSOPHIE

DOCTEUR ÈS-LETTRES

PARIS

ANCIENNE LIBRAIRIE GERMER BAILLIÈRE & Cie

FÉLIX ALCAN, ÉDITEUR

108, Boulevard Saint-Germain, 108

1887

ESSAI

SUR

LA MÉTHODE EN MÉTAPHYSIQUE

FOURMIES — IMPRIMERIE DE LA TRIBUNE DU NORD

ESSAI
SUR
LA MÉTHODE
EN MÉTAPHYSIQUE

PAR

PAUL DUBUC

ANCIEN ÉLÈVE DE L'ÉCOLE NORMALE SUPÉRIEURE

AGRÉGÉ DE PHILOSOPHIE

DOCTEUR ÈS-LETTRES

———×———

PARIS

ANCIENNE LIBRAIRIE GERMER BAILLIÈRE & Cie

FÉLIX ALCAN, ÉDITEUR

108, BOULEVARD SAINT-GERMAIN, 108

1887

A Monsieur PAUL JANET

MEMBRE DE L'INSTITUT

PROFESSEUR DE PHILOSOPHIE A LA FACULTÉ DES LETTRES DE PARIS

HOMMAGE

DE RESPECT, DE RECONNAISSANCE
ET DE DÉVOUEMENT

« Εἰ φιλοσοφητέον, φιλοσοφητέον, εἰ δὲ μὴ φιλοσοφητέον, φιλοσοφητέον· πάντως δὲ φιλοσοφητέον. »

(Aristote. — *Exhortation à la philosophie*, fragment cité par le scol. p. 13 A, l. 2 à 5).

INTRODUCTION

IMPORTANCE ET NÉCESSITÉ DE LA MÉTAPHYSIQUE

La métaphysique est l'âme même de la philosophie. Les écoles qui ont essayé de fonder, en dehors de toute ontologie expresse, la science philosophique, ne sont guère restées fidèles à leur dessein primitif. — Exemples tirés de l'histoire du positivisme, de l'école écossaise et du criticisme. — Intérêt d'une constitution définitive de la métaphysique au moyen de la méthode.

Si, comme l'enseigne la logique, les choses se doivent définir par leur essence, la philosophie c'est la *métaphysique*.

Cette conception, dominante dans l'antiquité, et renouvelée avec éclat au dix-septième siècle, n'a guère commencé qu'au dix-huitième à être déconsidérée. Dans ce qu'on peut appeler le premier âge de la pensée moderne, le problème philosophique avait été accepté par Descartes, par Malebranche, par Spinoza, par Leibnitz, dans les termes mêmes où l'avaient posé les anciens.

Aucun de ces grands esprits n'imaginait que sa science de prédilection pût être autre chose que la recherche des *premiers principes* de l'être, des conditions essentielles et universelles de la réalité. Si Descartes et ses successeurs entreprirent, chacun pour son compte, de rajeunir la philosophie dans sa méthode, jamais ils ne songèrent à la limiter dans son objet et dans sa portée.

Au siècle suivant, tout changea. Les éclatants progrès de la science expérimentale, l'influence croissante des doctrines empiriques de Locke, bien d'autres causes historiques et sociales firent naître et à la fin triompher l'idée d'une *philosophie active*. Cette philosophie, annoncée par Bacon [1], était, croyait-on, appelée dans l'avenir à gouverner le monde par la toute-puissance de l'opinion, et à exercer une influence décisive sur les destinées de l'humanité. Il s'ensuivit un dédain à peu près universel de la pure spéculation, réputée absolument stérile. C'est le sentiment général de son siècle qu'exprime Voltaire, dans ses critiques plus ou moins piquantes à l'adresse de la métaphysique, lorsqu'il dit, par exemple, dans son admiration un peu exclusive pour Locke :

---

(1) *Instauratio magna*, VIe partie (projetée : *Philosophica secunda vel activa*.

« Tant de raisonneurs ayant fait le roman de l'âme, un sage est venu qui en a fait modestement l'histoire. » Et ailleurs, lorsqu'il donne cette définition fort irrévérencieuse de la métaphysique : « Quand deux philosophes discutent sans se comprendre, ils font de la *métaphysique* ; quand ils ne se comprennent pas eux-mêmes, ils font de la *haute métaphysique.* »

Il s'en faut d'ailleurs, que Voltaire soit seul de cette opinion. Le géomètre d'Alembert n'a guère plus de sympathie pour la métaphysique, et la déclare « une science vide et contentieuse, qui ne peut être que l'aliment des esprits téméraires ou des esprits faux. » Le spiritualiste Rousseau lui-même la condamne, et s'interdit de « pénétrer dans ces abîmes de métaphysique, qui n'ont ni fond ni rive, et de perdre à disputer sur l'essence divine le temps si court qui lui est donné pour l'honorer [1]. »

Bientôt cependant, à la raillerie et à l'indifférence devait succéder la période de l'examen sérieux et approfondi, qu'inaugura, au dix-huitième siècle, la critique Kantienne. Il y a loin des moqueries de Voltaire au réquisitoire si sévère et si

---

(1) *Nouvelle Héloïse*, vi, 8.

décourageant que contient la *Critique de la raison pure*. Cette fois, il semblait bien qu'on en eût fini avec tout dogmatisme, et que la métaphysique, frappée à mort, ne dût jamais se relever des coups que lui avait portés le subtil dialecticien allemand. Par je ne sais quelle ironie des choses, ce fut dans la patrie et dans l'école même de Kant, par les mains de ses propres disciples, Fichte, Schelling, Hégel, que fut reconstruit sur de nouvelles bases le vieil édifice dont il se flattait d'avoir consommé la ruine. En France, la même restauration fut accomplie avec plus de circonspection et moins de génie par V. Cousin. Il n'est pas jusqu'à l'Angleterre, cette terre classique de l'empirisme, qui n'ait eu de nos jours, dans le métaphysicien distingué et trop peu connu, Ferrier [1], un digne successeur du grand idéaliste Berkeley.

Quoi qu'il en soit de cette renaissance inattendue de la métaphysique, l'esprit d'hostilité dont étaient animés contre elle les philosophes du dix-huitième siècle revit dans plusieurs écoles contemporaines, divisées d'esprit et de doctrine, mais unanimes à exclure des cadres de leurs recherches toute

---

[1] Auteur des *Institutes of metaphysic*, London, 1856.

spéculation sur l'essence des choses. Ces derniers adversaires irréconciliables de la science de l'être peuvent être répartis en trois groupes : le premier, représenté par l'école *positiviste ;* le second, par l'école *psychologique,* demeurée plus ou moins fidèle à la tradition écossaise ; le troisième, par l'école *criticiste* issue de Kant.

La première, on le sait, prétend réduire la philosophie à une vaste synthèse des lois cosmiques les plus générales qu'ait découvertes la science [1]. La seconde veut, selon la pensée de Locke, en faire une simple *histoire naturelle* de l'âme, étudiée directement par la conscience. La troisième, enfin, n'y voit qu'une morale précédée d'une critique de la raison, critique destinée à guérir l'esprit humain des ambitions du dogmatisme.

C'est contre ces trois écoles conjurées pour sa perte que la métaphysique a désormais à lutter pour l'existence et à revendiquer son autonomie.

Ces trois conceptions nouvelles et rivales de la philosophie seront tour à tour examinées dans le présent travail, au point de vue spécial de la méthode qui leur est propre.

---

[1] « La science est le savoir *partiellement unifié,* la philosophie, le savoir *totalement unifié.* » (Spencer, *Les premiers principes,* Part. II, § 37).

Il n'entre, d'ailleurs, nullement dans notre pensée, tout en défendant contre leurs attaques la métaphysique, de méconnaître les services rendus et les progrès suscités par chacune d'elles.

Le positivisme, il faut l'avouer, a bien mérité de la philosophie, en réintégrant dans son sein l'élément scientifique, trop négligé par les partisans exclusifs de l'idéologie ; l'école psychologique, en lui assurant la base solide bien qu'étroite des faits dits *subjectifs,* lui a communiqué quelque chose de la certitude expérimentale ; enfin, il n'est pas jusqu'à la critique Kantienne qui ne l'ait servie, dans ses rigueurs excessives, par la discipline sévère qu'elle a imposée à la spéculation. Bien plus : cette analyse si approfondie des conditions de la pensée, n'aurait-elle pas mis l'esprit humain sur la voie d'une méthode originale de recherches, de ce *novum organum,* vainement demandé par la philosophie moderne, tantôt aux procédés des mathématiques, tantôt à ceux de la science expérimentale ?

La pensée a sans doute le droit d'arrêter où elle le veut son effort, et de borner elle-même sa curiosité, pour y mieux voir dans le champ qu'elle a entrepris d'explorer : lui refuser cette liberté, ce serait méconnaître la grande loi de la division du travail intellectuel, condition de tout progrès dans l'ordre de la science comme dans l'ordre de l'activité.

Libre donc au positivisme d'essayer de construire, en dehors de toute préoccupation métaphysique, une synthèse ou partielle ou totale des sciences; libre à la psychologie subjective d'analyser les phénomènes de l'âme, pour en formuler les lois, et au criticisme d'approfondir, sans aucune arrière-pensée dogmatique, l'essence de la raison, soit dans l'ordre spéculatif, soit dans l'ordre pratique. Mais que cette *Somme scientifique,* que cette philosophie expérimentale ou rationnelle de l'esprit humain représentent toute la philosophie, c'est ce dont il est permis de douter. Ces tentatives diverses et répétées pour exorciser la métaphysique peuvent avoir été fécondes à leur heure, avoir produit des résultats isolés de la plus grande importance, et qui forment les plus utiles prolégomènes pour la science de l'être; mais y voir autre chose que des pierres d'attente, des formes provisoires d'une étude qui n'a pas encore trouvé sa constitution définitive, c'est, croyons-nous, sacrifier le tout à la partie et le but au moyen.

La diversité de ces nouvelles conceptions de la

philosophie, opposées et de méthode et de doctrine, appelle inévitablement une recherche supérieure, une *Science des sciences, Wissenschaftslehre,* comme on dit en allemand, capable de concilier tant de résultats différents, quand ils ne sont pas incompatibles, et d'en montrer l'harmonie dans une vérité plus haute et plus large.

L'esprit humain ne saurait se résigner à une contradiction définitive, sans au moins avoir essayé de saisir les causes de son irrémédiable impuissance : ce sera l'éternelle raison d'être de la métaphysique. Selon le mot d'Aristote : « Pour être métaphysicien, il faut faire de la métaphysique ; pour ne pas l'être, il en faut faire encore ; de toute manière, il faut faire de la métaphysique. » « Εἰ φιλοσοφητέον, φιλοσοφητέον, εἰ δὲ μῆ φιλοσοφητέον, φιλοσοφητέον· πάντως δὲ φιλοσοφητέον (1). »

Et, en effet, pour combattre avec succès la métaphysique, il faut au moins provisoirement s'engager sur le terrain de la spéculation : la critique, considérée du côté de la pensée et envisagée dans les procédés qu'elle emploie, sinon dans les résultats auxquels elle arrive, est déjà une métaphysique.

---

(1) Aristote. — *Exhortation à la philosophie,* fragment cité par le scol. p. 13 A, l. 2 à 5.

Il y a plus : on peut établir que chacune des conceptions exclusives *(synthèse scientifique, psychologie* ou *critique),* dans lesquelles on prétend emprisonner la philosophie, enveloppe quelque donnée métaphysique latente, non plus seulement à titre de desideratum, mais comme postulat nécessaire impliqué par la recherche à laquelle on se livre.

Quelle est tout d'abord l'idée maîtresse du positivisme orthodoxe, tel qu'il a été exposé par Auguste Comte, fondateur de la doctrine, ou tel qu'il se présente encore, à l'heure actuelle, dans les livres de M. Herbert Spencer? N'est-ce pas que les seuls phénomènes réels, connaissables scientifiquement, sont les phénomènes physiques, *objectifs*, comme on dit dans l'école, toute autre espèce de faits, les faits de conscience, par exemple, étant exclus ? Or, une pareille philosophie, quelque indifférence qu'elle affecte pour toutes les questions *d'origine et d'essence,* qu'est-elle autre chose qu'un *matérialisme phénoméniste ?* Ce parti pris de n'admettre comme légitime qu'une seule expérience, l'expérience sensible, n'implique-t-il pas au fond une solution très radicale du problème métaphysique touchant la nature essentielle de l'être ?

Sans aller jusqu'à prétendre que l'étude toute subjective du moi conduise en sens inverse à un *idéalisme empirique*, comme celui que professe Stuart Mill, il est permis de penser qu'une analyse des facultés de l'âme, faite à la seule lumière de la conscience, n'a de sens et de valeur que dans l'hypothèse d'un *moi* distinct de l'organisme. Tout psychologue conséquent doit pour le moins être spiritualiste. Quelle serait, en effet, la valeur de sa science, si, comme l'admettent en commun le matérialisme et le positivisme purs, tous les phénomènes, même ceux de l'âme, étaient réductibles au mouvement, si les sens se trouvaient être les seuls juges infaillibles de la vérité ? Comte et Littré, on le sait, ne distinguaient guère entre les psychologues et les métaphysiciens et les enveloppaient dans le même mépris.

Si, de la psychologie subjective on passe à la philosophie critique, son affinité secrète avec la métaphysique spiritualiste, qu'elle a prétendu ruiner théoriquement comme tout autre dogmatisme, ne paraît pas être moins réelle. Expliquer, comme le fait Kant, les lois du monde par la seule intervention de la raison humaine, qui, pareille au Dieu d'Anaxagore, *vient mettre l'ordre* dans le chaos des phénomènes, est-ce donc se garder de toute conception touchant l'essence des choses? En quoi l'*idéalisme transcendental* est-il une solution moins métaphysique que le *spiritualisme téléologique*? N'est-ce pas aussi se prononcer sur le fond même de la réalité que de nier tout ordre objectif, pour dériver de la seule pensée l'intelligibilité du monde? Quoi qu'il en soit de cet élément ontologique, que recèle à l'état latent le criticisme, l'œuvre théorique de Kant, si on l'envisage dans ses résultats, exclut, semble-t-il, jusqu'à la possibilité d'une explication matérialiste des choses. Si l'on pouvait admettre un seul instant la vérité de cette dernière doctrine, à la table des *catégories*, qui représentent les conditions formelles de la pensée, ne devrait-on pas tôt ou tard substituer l'ensemble des lois purement mécaniques qui régissent les phénomènes cérébraux, seuls réels : Kant ne paraît donc pas observer, aussi exactement que lui-même le croit, l'impartiale neutralité qu'il s'était imposée à l'égard des différents systèmes dogmatiques, et cela même dans sa *Critique de la raison pure*.

L'exemple, d'ailleurs, des grands esprits qui, par des voies diverses, ont tenté de constituer la philosophie en dehors de toute ontologie, semble attester cette impuissance de la raison humaine à s'émanciper définitivement de la métaphysique. Combien peu de positivistes, de psychologues et de criticistes ont réussi à se tenir dans les étroites limites qu'ils s'étaient prescrites d'avance! Combien, au contraire, ont été amenés par un progrès naturel et invincible de leur pensée à adorer ce qu'ils avaient brûlé, et à restituer quelque réalité à ces *fantômes métaphysiques* tant de fois exorcisés et toujours renaissants !

N'est-ce pas, par exemple, l'histoire de Maine de Biran, qui, nourri dans les doctrines sensualistes du dix-huitième siècle, sorte de positivisme psychologique anticipé, éprouve bientôt, et presque à son insu, le besoin de dépasser cette étroite philosophie, traverse une phase de dynamisme plus ou moins renouvelé de Leibnitz, pour aboutir enfin à une théologie purement mystique? Aussi, l'infidèle disciple de Condillac a-t-il mérité par ses profondes études sur l'essence du moi, d'être appelé par M. Cousin, « le plus grand métaphysicien du dix-neuvième siècle. »

Le représentant le plus original du positivisme anglais, à l'heure actuelle, M. Herbert Spencer, offre dans son œuvre, malgré la différence des doctrines, le spectacle d'une semblable évolution intellectuelle. Aucun spiritualiste, croyons-nous, ne désavouerait les hautes spéculations sur la *réalité de l'absolu*, par lesquelles s'ouvre magistralement le livre des *Premiers principes*. Peut-être accepterait-il moins aisément les idées du penseur anglais, lorsqu'il fait de la raison un « instinct perfectionné », et de l'instinct lui-même « une action réflexe composée »; peut-être la prétention de réduire à des « chocs nerveux » tous les phénomènes psychologiques lui paraîtrait-elle excéder la légitime portée d'une méthode soi-disant positive; mais un matérialiste applaudirait certainement à de telles propositions, dans lesquelles il aurait bien le droit de ne voir qu'un rajeunissement de la vieille doctrine de Démocrite. En tout cas, et quel que soit le système auquel puissent se rattacher les diverses théories qui composent la philosophie de M. Spencer, il parait bien difficile d'en méconnaître le caractère nettement ontologique.

Ce phénomène d'un retour plus ou moins réfléchi et voulu à la métaphysique s'est également produit dans l'école qui, de nos jours, avait montré le moins de goût pour les spéculations de la raison pure. Le philosophe, le plus longtemps fidèle en France à la tradition écossaise, Jouffroy, qui avait à ses débuts scandalisé ses amis spiritualistes, en déclarant la question de l'essence de l'âme un problème « *prématuré* », devait enfin se départir lui-même de cette réserve spéculative, pour se rallier au point de vue biranien. Il déclarait alors, dans un célèbre mémoire, « qu'il fallait rayer de la psychologie cette proposition *que le moi n'est connu que par ses phénomènes.* »

Abordant ailleurs le problème métaphysique et moral de la destinée de l'homme, il abandonnait résolument la conception écossaise d'une psychologie de tout point assimilable aux sciences physiques et naturelles. « Sans doute, disait-il, la connaissance de l'homme est en elle-même une noble conquête et qui mérite bien d'être poursuivie ; mais l'ambition de la faire *n'est point la philosophie.* Ce n'est pas en étudiant l'homme, mais en l'étudiant dans cette vue (résoudre le problème de sa destinée), que nous étions *philosophes.* C'est parce que le naturaliste, le géologue, l'historien peuvent procéder à leurs recherches dans la préoccupation de ce but, qu'ils peuvent être philosophes : *autrement, et le psychologue et eux ne sont que des savants* [1]. »

---

[1] *Mélanges philosophiques,* (p. 322).

Nous ne rechercherons pas si, comme le conjecture un critique fantaisiste, le mélancolique professeur de la Sorbonne, né un siècle plus tôt, et transporté dans un milieu différent, dans « les longues salles vénérables de l'université de Cambridge », par exemple, si, disons-nous, dans ces conditions, il eût toute sa vie échappé au démon de la métaphysique, occupé tranquillement « à classer les idées et les sentiments, sans jamais permettre à la spéculation de diriger sourdement ses recherches et de pervertir par degrés ses observations [1]. » L'auteur des *Philosophes classiques du dix-neuvième siècle* l'affirme sur la foi du système qui lui est cher. Par malheur pour la vraisemblance de sa thèse, Jouffroy eût été, à cette date et dans ce pays, le compatriote, le contemporain, et qui sait? peut-être l'émule du profond métaphysicien Berkeley.

La pensée a, elle aussi, ses lois propres de développement, distinctes sinon entièrement indépendantes des conditions historiques et géographiques.

Quant à la philosophie critique, pas plus que l'école positiviste ou l'école psychologique, elle

[1] H. Taine. *Les philosophes classiques du dix-neuvième siècle*, p. 186.

n'est demeurée fidèle à l'abstention voulue du maitre en fait de dogmatisme : Fichte, Schelling Hégel, auxquels on peut joindre Schopenhauer et de Hartmann ne sauraient être cités précisément comme des modèles de réserve spéculative. Le *panthéisme subjectif* ou *objectif*, l'*idéalisme* hégélien, *la philosophie de l'Inconscient*, ne le cèdent en audace à aucune des doctrines métaphysiques, soit de l'antiquité, soit des temps modernes. Ne semble-t-il pas que, loin de fermer l'ère des systèmes, la critique Kantienne n'ait fait que préparer une nouvelle arène pour les luttes sans cesse renaissantes de la métaphysique ? On ne saurait nier, en tout cas, que cette dernière philosophie de l'absolu ne se rattache, de loin ou de près, dans ses ramifications diverses, au tronc commun de l'idéalisme transcendental.

Ces quelques considérations suffisent peut-être à vérifier au moins historiquement la justesse du mot de Kant : « L'homme ne peut pas plus se passer de métaphysique que d'air respirable. » Le spectacle du développement de la philosophie contemporaine en Angleterre, en France et en Allemagne est fait, en tout cas, pour démentir plutôt que confirmer la fameuse *loi des trois états*, que le positivisme assigne à l'évolution de la pensée. Ne se pourrait-il pas, tout au moins, que cette loi ne représentât qu'un côté des choses ? En accordant que ce soit pour l'esprit humain un premier progrès d'arriver à constituer positivement l'étude des faits, il serait possible qu'il y en eût pour lui un second à organiser méthodiquement la philosophie de l'être. Si peu de science éloigne de la métaphysique, pourquoi beaucoup de science et de réflexion n'y ramèneraient-elles pas la raison de l'homme, qui ne saura jamais se contenter d'une demi-explication des choses ?

Rien ne paraît donc plus opportun que d'étudier les moyens à l'aide desquels « cette philosophie éternelle », dont parlait Leibnitz, est réalisable ou a peut-être été déjà partiellement réalisée.

Ce n'est pas une histoire de la méthode en métaphysique que nous nous proposons d'écrire ici [1]. Tout notre dessein se bornerait à faire, en

---

[1] On reconnaîtra aisément dans les pages qui suivent l'influence des écrits contemporains, où la métaphysique spiritualiste a été le plus brillamment défendue. — En nommant la *Dialectique dans Platon et dans Hégel*, le *Cerveau et la Pensée*, les *Causes finales*, de M. Janet ; le *Matérialisme et la Science*, *l'Idée de Dieu*, de M. Caro ; le *Rapport* de M. Ravaisson *sur la philosophie au dix-neuvième siècle* ; le *Fondement de l'Induction*, de M. Lachelier ; la *Contingence des lois de la nature*, de M. Boutroux ; la *Métaphysique et la Science*, de M. Vacherot ; la *Science positive et la Métaphysique*, de M. Liard, nous sommes loin d'indiquer tous les ouvrages d'importance, sous l'inspiration desquels cette étude a été conçue et exécutée.

vue d'un choix réfléchi entre les doctrines, une étude critique des divers procédés par lesquels on peut essayer de construire la science de l'être. Ce problème essentiel et qui porte sur l'organisation même de la philosophie première, paraît devoir être résolu avant tout autre. Nous en comprenons trop la réelle importance pour nous en dissimuler la difficulté.

CHAPITRE PREMIER

DÉFINITION ET DIVISIONS DE LA MÉTAPHYSIQUE

Difficultés d'une détermination historique de l'objet de la métaphysique. — Procédé d'élimination. — Les divers problèmes que la science laisse sans solution reviennent de droit à la métaphysique, qu'il convient de définir, avec Aristote, *la science de l'être en tant qu'être*. — Interprétation possible et légitime de cette antique définition.

Il est impossible de déterminer la méthode d'aucune science, si l'on ne se fait tout d'abord une idée nette de l'objet qu'elle poursuit. La nature des questions à traiter implique, en effet, le choix des procédés d'étude, dans la mesure où une fin quelconque impose les moyens propres à la réaliser : avant de s'orienter, il faut savoir exactement où l'on va.

Qu'est-ce donc que la métaphysique ? Laromiguière, dans une ingénieuse leçon, destinée à répondre à cette question, que lui avaient posée quelques disciples impatients, montre combien il est difficile de donner de la métaphysique une définition une et adéquate aux conceptions diverses de tant de systèmes anciens ou modernes. « Il existe, dit-il, peu de mots dans la langue de la philosophie, sur lesquels on soit moins d'accord... Si vous me demandiez ce que c'est que la métaphysique de Platon ou d'Aristote, de Descartes ou de Locke, je pourrais vous répondre [1]... » Mais, à première vue du moins, il constate qu'il y a autant de métaphysiques que de métaphysiciens.

« La métaphysique, dit l'un, est la science de *ce qu'il y a de plus général dans tous les êtres.* Elle traite des corps comme des esprits ; elle s'occupe de la nature des substances, des modes, des accidents. Toute science a sa métaphysique, tout est de son ressort. »

« La métaphysique, suivant un autre, est la *science des sciences,* ou bien encore : elle est la science des *causes premières,* la science de *la raison des choses.* »

« La métaphysique c'est l'*ontologie* ou la *science de l'être.* »

---

(1) Laromiguière. *Leçons de philosophie,* Tome I, XIe leçon p. 261.

« La métaphysique comprend *l'ontologie*, la *psychologie*, la *théodicée* et même la *cosmologie*. »

« La métaphysique est la science du *possible en tant que possible*. »

« La métaphysique est la science de *l'absolu et de l'inconditionnel*, etc., etc. »

« A ces définitions, l'auteur ajoute la sienne, qui est celle de tout le dix-huitième siècle, et d'après laquelle la métaphysique se confondrait avec *l'idéologie*. « C'est, dit Laromiguière, *l'analyse lorsqu'elle remonte à l'origine des idées* [1]. »

Comment se reconnaître dans une telle diversité de conceptions ?

La méthode historique, qui consisterait à passer en revue les interprétations différentes du mot, dont l'origine, on le sait, est toute fortuite [2], risquerait fort de n'aboutir qu'au scepticisme ; de cette recherche on conclurait vraisemblablement, avec un philosophe contemporain [3], que la métaphysique est « la science de *tout*, sans être précisément la science de *rien*. » Définition large

---

(1) Laromiguière. *Leçons de philosophie* I, XIe leçon, p. 257 et 271.

(2) Il remonte vraisemblablement à Andronicus de Rhodes, qui entendait indiquer seulement par ce terme la place assignée à la *philosophie première* dans son édition des ouvrages d'Aristote.

(3) Amédée Jacques. *Manuel de philosophie*.

et commode, qui a seulement le défaut d'être fort peu instructive.

Le grand érudit romain Varron avait, dit-on, catalogué jusqu'à *deux cent quatre-vingt-huit* formules du souverain bien, proposées par les moralistes de l'antiquité [1]. Le nombre des conceptions de la métaphysique risquerait de n'être guère moindre, si l'on considère que Hamilton ne compte pas moins de huit positions et solutions différentes du seul problème de la réalité ou de la non réalité du monde extérieur [2]. De combien de façons diverses n'ont pas été interprétées les notions premières de la métaphysique: *substance, cause, esprit, matière, Dieu,* etc., concepts qui ne lui sont pas moins essentiels que les idées de triangle ou de cercle le sont à la géométrie? Or, il est évident que toute différence dans l'une de ces définitions partielles implique une modification correspondante dans l'objet total de la métaphysique. Par une sorte de contraste ironique, la science qui eut de tout temps la prétention de représenter la connaissance absolue, semble avoir

---

(1) Saint-Augustin. *Cité de Dieu* (XXIX. Ch. III.)

(2) Hamilton. *Lectures on métaphysics and logic* L. p. 293 et sq. London 1865.

été de toutes la plus instable dans son objet aussi bien que dans sa méthode.

Force nous est donc de recourir à un autre procédé de définition. Il consistera à tracer une sorte de cadre idéal de la métaphysique, où puisse trouver place chacune des questions qu'elle pose et qu'elle s'efforce de résoudre. On devra classer, en dehors de tout système préconçu, les différents problèmes que la science laisse sans solution, et qui, par suite, reviennent de droit à la philosophie première.

Le métaphysicien paraît, en effet, créer, un peu à la manière du mathématicien, l'objet de son étude ; les questions qu'il est amené à traiter naissent les unes des autres, ou plutôt de l'insuffisance des premières solutions essayées pour rendre compte de l'ensemble des choses. Or, ce sont tout d'abord les lacunes de l'explication scientifique qui semblent susciter ce nouvel effort de la raison, incomplètement satisfaite par les recherches positives.

Il ne manque pas d'esprits qui pensent le contraire, et estiment avec M. Bain que la tâche de la science moderne est « de réfuter, *en la remplaçant*, l'hypothèse de toute origine *a priori*. »

Chaque portion de la réalité, selon eux, est devenue ou appelée à devenir l'objet d'une science spéciale distincte, destinée à l'expliquer. C'est ainsi que l'univers matériel serait tout entier étudié par la physique, la chimie, la minéralogie, la biologie, avec leurs innombrables divisions; le monde moral serait lui-même épuisé par l'histoire, la sociologie et toutes les sciences qui s'y rattachent : droit, jurisprudence, économie politique, etc. Ne semble-t-il pas, dès lors, qu'il ne reste au métaphysicien, comme au poète, que le royaume des nuages, le monde imaginaire des possibles?

Telle est l'opinion qu'il convient tout d'abord d'examiner, pour assigner à la philosophie première son domaine véritable, si toutefois elle en a un autre que l'inconnu ou l'inconnaissable, « Océan qui vient battre notre rive et pour lequel nous n'avons ni barque ni voile [1]. »

Le champ que la science se propose d'explorer est aujourd'hui délimité avec une précision qui ne laisse guère à désirer : toute son ambition se borne, elle-même l'affirme, à la connaissance la plus exacte et la mieux ordonnée qu'il se peut, du monde des phénomènes. Résumer le plus

---

[1] Littré, Préface du *Cours de philosophie positive*, d'Aug. Comte.

grand nombre de faits et de propriétés dans le plus petit nombre possible de formules, peut-être même, à la fin, dans une loi unique et suprême de l'univers : telle serait sa plus haute visée.

Or, à supposer qu'un tel but, encore infiniment éloigné à l'heure qu'il est, fût un jour atteint, la pensée humaine serait-elle pleinement satisfaite? Lui suffirait-il d'être en possession de cette clef de tout mystère, « de cet *axiome éternel*, qui, au dire de M. Taine, se prononce au suprême sommet des choses, au plus haut de l'éther lumineux et inaccessible, de cette formule créatrice dont le retentissement prolongé compose par ses ondulations inépuisables l'immensité de l'univers ? [1] »

Il est permis d'en douter : l'œuvre de la science une fois achevée, la raison se demanderait encore ce qu'est *en lui-même* ce monde d'apparences plus ou moins bien liées entre elles, et tout d'abord si réellement il existe un monde. Ne pourrait-ce pas être, comme le soutient l'idéalisme, une pure illusion, création plus ou moins inconsciente de l'esprit lui-même ? A supposer qu'il en fût ainsi, l'autorité de la science ne serait guère diminuée ; car c'est, non pas sur le fond des choses,

---

(1) Taine. *Les Philosophes classiques du dix-neuvième siècle*, p. 370.

mais seulement sur l'ordre des phénomènes qu'elle se prononce, et cet ordre, en général, n'est pas plus compromis dans l'hypothèse idéaliste que dans les conceptions réalistes. La science est à ce point indépendante des diverses solutions métaphysiques du problème de l'être, que le monde pourrait être supprimé, sans qu'elle en reçût la moindre atteinte. Son objet, qui est la recherche d'une liaison constante entre des éléments d'ailleurs inconnus en eux-mêmes, cet objet, disons-nous, pour être subjectif, n'en demeurerait pas moins réel.

Le premier problème que doit poser la métaphysique, problème distinct de tous ceux que traite la science, est donc le suivant : Existe-t-il un monde hors de la pensée? La question est résolue en sens inverse par le *réalisme* et par l'*idéalisme*.

Si l'on admet que la nature ne puisse, d'une manière ou de l'autre, dériver de la pensée pure, ni être un produit de l'activité infinie du moi, un second problème naît immédiatement d'une solution réaliste donnée au premier. Qu'est en lui-même cet univers, abstraction faite de la conscience où il se réfléchit? C'est, après la question de l'*existence* des choses, celle de leur *essence* : question peut-être insoluble à l'intelligence humaine, mais, à coup sûr, intelligible, et qu'il appartient à la métaphysique seule de poser. Les concepts de *temps,* d'*espace,* de *force,* de *loi,* de *phénomène,* de *mouvement,* etc.; auxquels la science a recours pour déterminer ses objets, ont besoin d'être interprétés par une analyse et conciliés dans une synthèse d'un caractère essentiellement philosophique. Descartes, dans ses *Règles pour la direction de l'esprit,* prétend que chercher à approfondir des notions aussi claires et aussi distinctes que celles du *temps* et de l'*espace,* de la *matière* et de l'*étendue,* « c'est chercher des nœuds dans un brin de jonc [1]. » Il est permis de penser qu'il parle alors en savant et non en philosophe.

Lorsque la science moderne, fidèle en cela à l'esprit cartésien, rend compte de l'univers matériel par l'étendue et le mouvement, cette conception mécaniste de la nature représente-t-elle le dernier mot des choses, ou n'est-elle qu'un point de vue provisoire sur le monde, qui n'exclut en rien une explication plus profonde de la réalité?

Cette seconde question, pas plus que la première, n'est du ressort de la science. La réponse qu'elle

---

[1] « Quis non fateatur illos nodum in scirpo quæsivisse? *Règle* XII, 92.

peut comporter suppose, en effet, une comparaison de la réalité *matérielle* et de la réalité dite *spirituelle :* elle dépasse donc les limites et la portée de la science positive, qui ne s'attache qu'aux phénomènes dans ce qu'ils ont d'observable et de mesurable.

Un nouveau problème métaphysique, intermédiaire entre la question de l'*existence* et celle de l'*essence* des choses, est le problème de l'*individualité* des êtres. L'analyse scientifique, qui s'efforce de résoudre les composés en leurs éléments simples, et de ramener à l'unité de loi la multiplicité des phénomènes, détruit, jusqu'à un certain point, toute essence individuelle : les êtres deviennent, dans une certaine mesure pour la science, de simples tissus de lois ou des amalgames de propriétés. Si elle se soucie de l'individu, c'est tout au plus dans la recherche de l'élément primitif, individualité rudimentaire comme celle de l'atome chimique ou de la cellule vivante, par exemple, et qui n'atteint en rien le fond dernier des choses.

Il est cependant nécessaire d'expliquer en vertu de quelle force secrète, aveugle ou intelligente, fortuite ou libre, le composé est résulté de la réunion, de la combinaison des composants? Ce nouveau problème, dont le *mécanisme* et le *dynamisme* représentent les deux solutions générales et opposées, ouvre, une fois tranché, de nouvelles questions, dont l'ensemble doit constituer la *métaphysique de l'esprit* ou *psychologie rationnelle*.

Si les êtres, en effet, sont discernables les uns des autres par leurs propriétés internes, et non pas uniquement par certains rapports extrinsèques ; s'ils diffèrent par une activité qui leur est propre et non par la quantité plus ou moins grande de mouvement emmagasiné par chacun d'eux, il y aura lieu d'instituer à propos du sujet immatériel la double recherche à laquelle a donné lieu la réalité corporelle.

Tout d'abord existe-t-il dans l'homme un *moi*, distinct de l'organisme, théâtre de phénomènes nouveaux, étrangers à l'étendue, de même que la nature est la scène d'une infinie variété de mouvements ?

L'existence réelle d'un tel principe une fois établie, quelle est son essence ? Est-ce, comme le veut la philosophie empirique, la faculté de *sentir* ? Est-ce la *pensée* ou la *liberté*, comme le soutient, au contraire, l'école rationaliste ? Ces deux questions ne sont pas plus du ressort de la psychologie, réduite à l'analyse des faits intimes de leurs lois, que le double problème correspondant de la cosmologie rationnelle n'était du domaine des sciences physiques.

La psychologie expérimentale, au moins à titre d'étude provisoire, serait encore possible, quand même, comme lo prétend le matérialisme, le moi serait une simple propriété ou une résultante de l'organisme. Il est, en tout cas, impossible de résoudre ou seulement d'aborder ce dernier problème, sans mettre en face l'un de l'autre le point de vue tout *objectif* de la science et le point de vue purement *subjectif* de la psychologie, sans comparer entre eux ces deux modes d'apparition d'une réalité simple ou double, selon les systèmes. L'esprit et la nature ne sauraient, en effet, être compris ni expliqués l'un sans l'autre : le mot de *pensée* perd toute signification, s'il n'est pas opposé à celui de matière, et réciproquement. C'est la raison d'être d'une seconde partie de la métaphysique, la *psychologie rationnelle*, où la double question de la réalité et de l'essence de l'âme doit être étudiée à part, après celle de l'existence et de la nature des choses. Sur ce nouveau terrain, le débat se trouve porté entre le *matérialisme* et le *spiritualisme*.

Là ne se termine pas encore le domaine de la métaphysique, et la pensée humaine, eût-elle découvert les véritables rapports de l'esprit et de la matière, ne se tiendrait pas pour entièrement satisfaite. Cette opposition de points de vue, où nous conduisent les deux premières parties de la métaphysique, la *cosmologie rationnelle* et la *psychologie rationnelle*, requiert une synthèse dernière, dans laquelle les deux termes contradictoires, *sujet* et *objet*, se trouvent conciliés, soit par une réduction de l'un à l'autre, soit par une harmonie résultant de l'intervention de quelque terme supérieur. Quel est donc le *principe commun* de la matière et de l'esprit, à supposer qu'aucune de ces deux réalités ne rende pleinement raison ni d'elle, ni de son contraire, et qu'il ne suffise pas de les juxtaposer dans une substance unique pour les rendre plus intelligibles ?

Partout où il y a combinaison d'une pluralité d'éléments, on peut dire que l'unité d'un pareil effet suppose nécessairement une cause unique : ce principe commun d'une diversité réelle, de quelque manière qu'on le définisse, sera lui-même l'*absolu*, les choses qu'il doit expliquer étant *relatives*, comme suffit à l'attester le fait même de leur coexistence.

C'est donc vers la question dernière de l'absolu que convergent tous les problèmes métaphysiques. On peut dire que c'est elle qui leur donne leur sens profond et leur portée véritable. Il semblerait, à première vue, que la réalité et l'essence de la nature ou du moi pussent être traitées indépendamment de toute spéculation touchant l'absolu. Il n'en est rien pourtant. L'intérêt renaissant de telles questions se trouve dans ce fait que l'esprit humain, épris d'unité, est porté, comme malgré lui, à ériger en solution universelle l'explication des choses par les lois purement physiques ; que, d'autre part, la conscience, réfléchissant sur le moi, est poussée presque aussi irrésistiblement à voir dans la pensée l'essence même de tout être. Au fond, l'important est peut-être moins encore de connaître ce qu'est la matière comparée à l'esprit, que de savoir si la matière est tout, ou si, au contraire, la réalité serait mieux définie par la pensée qui existerait partout, « éteinte dans le minéral, sommeillant dans le végétal, s'éveillant enfin dans l'animal et dans l'homme [1]. »

L'absolu, est d'ailleurs, également concevable

---

[1] Schelling.

comme un être distinct, supérieur à la fois à la matière et à la pensée. Le problème se pose ici entre le *théisme* et le *panthéisme*. L'absolu défini comme un principe transcendant, devient alors l'être suprême, qui explique, non seulement la régularité d'action des forces de la nature prises isolément, mais encore l'unité et l'harmonie du *cosmos* considéré dans son ensemble. Cette conception permet de voir dans la diversité des choses l'effet d'une seule activité créatrice, et dans les êtres relatifs, dépourvus ou doués de conscience, les productions d'une cause souverainement intelligente et infiniment bonne.

En définitive, le problème métaphysique, par excellence, le seul, pourrait-on dire, consiste à déterminer de telle sorte l'absolu, qu'il suffise tout à la fois à rendre compte et de l'univers matériel et du monde moral. Ce problème comprend deux questions distinctes, dont la solution éclaire toutes les questions déjà posées : 1° l'*absolu* existe-t-il ? 2° quel est-il ? C'est-à-dire quels attributs lui doit-on reconnaître, et quelle est son essence ?

Cette dernière recherche, qui constitue la *théologie rationnelle*, dépasse plus manifestement encore que toutes les précédentes la compétence et la portée de la science positive ; elle revient donc de droit à la métaphysique, dont l'objet propre est l'étude de l'être envisagé, non plus dans telle ou telle de ses manifestations particulières, mais dans sa totalité, en même temps que dans ses principes premiers et essentiels. Il y a, pourrait-on dire, entre les spéculations métaphysiques et les recherches scientifiques, la différence qui existe entre une théorie philosophique de l'espace et la géométrie : tandis que, dans le premier cas, l'espace est considéré en lui-même, abstraction faite de ses modes possibles, dans le second, au contraire, il n'est étudié que dans ses déterminations diverses, c'est-à-dire dans les figures qu'y peut tracer l'imagination mathématique.

Si l'on cherche enfin une définition de la métaphysique, résumant les principales questions qui y sont traitées, il semble que la plus exacte et la plus compréhensive soit encore celle d'Aristote : « La philosophie première est la *science de l'être en tant qu'être.* » « ἐπιστήμη τοῦ ὄντος ᾗ ὄν [1] » : définition qu'on peut interpréter dans son sens profond, en disant que seule la métaphysique est la recherche d'une solution au double problème

---

[1] Aristote. — *Métaphysique.* — Livre IV.

de la *réalité* et de l'*essence* des êtres, qu'il s'agisse de la nature, de l'âme ou du premier principe de l'univers. Ainsi, tandis que la science ne s'intéresse qu'aux *phénomènes*, la métaphysique cherche l'*être*. « La science, qui se vante d'être seule positive, n'est, à le bien prendre, qu'une illusion perpétuelle, dit un penseur contemporain ; elle n'opère que sur le dehors sans consistance et ne sait rien de l'intérieur et de la réalité des choses ; elle ronge péniblement l'écorce du fruit, dont il est réservé à la philosophie d'exprimer le suc vivant et de goûter la divine saveur [1]. »

Tel est l'éternel objet que poursuit la métaphysique, ou, si l'on veut, le cadre idéal qu'elle a eu de tout temps l'ambition de remplir.

Le but une fois indiqué, il reste à savoir s'il est accessible et comment. Il paraît nécessaire, pour cela, de passer tout d'abord en revue les divers procédés d'étude dont l'esprit humain dispose, afin de voir si, parmi eux, il ne s'en trouverait pas un qu'on pût adopter comme la méthode appropriée à la solution du problème métaphysique ainsi posé et divisé.

---

[1] Lachelier. *Revue de l'instruction publique* (23 juin 1864). — Étude critique sur le livre de M. Caro : *De l'idée de Dieu.*

CHAPITRE II

DE LA MÉTHODE OBJECTIVE

Méthode expérimentale

Forme expérimentale de la méthode objective. — Elle limite ses recherches à l'étude et à l'explication des *phénomènes*. — Double acception possible de ce mot. — Procédés *analytiques* et procédés *synthétiques* de la méthode expérimentale. Caractère *objectif* des lois scientifiques. — Incompétence de cette méthode pour la solution du *problème de l'être*. — La science ne saurait être légitimement convertie en métaphysique.

Les théories de la connaissance qui ont le plus multiplié le nombre des sources primitives de nos idées, n'en ont guère mentionné qui ne puissent se ramener à l'une des trois suivantes : les *sens*, la *conscience* et la *raison*. Quant au *raisonnement*, sous sa double forme, *induction* et *déduction*, s'il est un puissant auxiliaire pour élaborer les données premières de ces trois facultés essentielles, il n'est l'origine d'aucun concept vraiment nouveau et original.

Comme toute méthode consiste dans l'un ou l'autre de nos moyens de connaître amené à sa perfection, il importe d'étudier ici l'importance relative de ces voies diverses pour arriver à la vérité.

Descartes, avant de tracer les règles d'une nouvelle méthode, avait essayé de tirer des anciens procédés de recherche, la *logique*, l'*algèbre* et l'*analyse géométrique*, tout ce qu'il croyait pouvoir contribuer à son dessein. Le métaphysicien doit de même se pénétrer tout d'abord des méthodes scientifiques, ne fût-ce que pour y acquérir les habitudes de rigueur et de précision qu'elles peuvent communiquer à l'esprit. Quand même aucune d'elles ne saurait être, comme l'ont espéré au dix-septième siècle l'école cartésienne, et au dix-huitième l'école empirique, directement importée dans le domaine de la philosophie première, le parallèle établi entre les procédés de la science et ceux de la métaphysique ne laisserait pas d'être instructif et fécond, puisqu'on ne connaît véritablement qu'à la condition de comparer.

Recherchons donc tout d'abord ce que vaut la méthode que les savants appellent *expérimentale* et les positivistes, *objective*. Elle consiste, on le sait, à éliminer le plus possible des théories scientifiques tout élément *subjectif*, à traiter des choses en se plaçant au point de vue des choses elles-mêmes, et non de la pensée qui les étudie. Dans un esprit opposé à celui du criticisme, elle s'efforce, sans peut-être y réussir pleinement, de *faire graviter le sujet autour de l'objet*. Toute hypothèse, toute théorie qui ne peut se résoudre en faits tombant sous l'observation sensible, est nulle et non avenue pour les philosophes ou les savants de l'école expérimentale.

Cette méthode, telle que l'a faite la science moderne, n'a d'ailleurs rien de commun avec celle du dogmatisme métaphysique, que Kant a cru aussi devoir qualifier d'*objective*. Elle ne se propose nullement comme celle-ci de découvrir un principe premier de l'univers et de l'homme; elle fait, au contraire, profession de s'enfermer dans la région des phénomènes, dont elle se contente de déterminer les relations constantes et générales.

Parmi les phénomènes, elle croit pourtant légitime d'en distinguer qui méritent le nom d'*objectifs*, parce qu'ils semblent ne pouvoir être engendrés par l'esprit lui-même : tels sont, par exemple, l'*étendue*, le *mouvement*, et d'autres qui paraissent, au contraire, émaner du moi, comme de leur véritable source, et auxquels il convient de réserver le nom de *subjectifs*. Ainsi la *vue* d'un monument, quelle que soit, d'ailleurs, la collaboration de la pensée dans l'acte de la perception, ne saurait cependant être assimilée de tout point au *désir* ou à la *volonté* qu'on peut avoir de le visiter. Quand même on démontrerait que les deux phénomènes sont subjectifs, serait-il exact de soutenir qu'ils le sont au même degré? Non, sans doute : celui qui présente le moins ce caractère pourra alors être dit *objectif* par rapport au premier. La science n'approfondit pas davantage ce concept de l'objectivité : il lui suffit de savoir ainsi distinguer entre les explications purement *hypothétiques* des choses, et les *lois*, que tous les faits découverts viennent confirmer.

Avant de commencer la revue des procédés propres à la méthode objective, il est indispensable de bien fixer le sens positif et scientifique du mot *phénomène :* ce terme, en effet, comporte au moins deux acceptions très différentes.

En premier lieu, quel que puisse être le principe essentiel de la nature, qu'il soit un ou multiple, on conçoit qu'il se manifeste par des effets différents; que de ces *points physiques* ou *métaphysiques*, comme les appelait Leibnitz, atomes ou forces, ou bien du fond d'une substance universelle unique, émanent, pour ainsi dire, des propriétés, des manières d'être diverses, qui seules nous révèleraient les choses. C'est en ce sens que l'illustre savant philosophe, M. Chevreul a pu dire « qu'un fait est une *abstraction* [1] » : il n'exprime jamais, en effet, qu'une face d'une chose déterminée, sans parvenir à en épuiser toute la réalité concrète. Cet aspect multiple et varié de la nature, sorte de rayonnement de l'être ou des êtres, en représenterait le côté *phénoménal*, comme l'élément simple en constituerait le *fond essentiel*.

Si l'on passe maintenant des objets au sujet conscient, celui-ci non plus ne doit pas être confondu avec ses manifestations variées, qui seules méritent le nom de *phénomènes*. Sans doute, c'est toujours le même être qui pense, qui désire ou qui veut; et s'il se trouvait que ces diverses modifications fussent réductibles à un phénomène primitif unique, sensation, idée ou effort, par exemple, toute cette multiplicité apparente qui

---

[1] Chevreul. *De la méthode a posteriori*, p. 83.

constitue la vie psychologique s'évanouirait dans la réelle simplicité du moi ; tous ces mots de pensée, de sentiment, de volonté, ne seraient, pour employer l'expression de Gœthe, « qu'une vaine fumée qui vient obscurcir la clarté des cieux [1]. »

Quoiqu'il en soit, le terme *phénomène* dans cette première acception, où il est synonyme d'élément *divers* et *multiple*, serait applicable au moi lui-même aussi bien qu'aux choses. C'est là ce qu'on pourrait appeler le sens *ontologique* du mot.

A côté de ce sens, il en est un autre que les progrès de la philosophie critique ont surtout accrédité de nos jours : il est relatif au point de vue de la connaissance et non plus à celui de l'être. Aristote, on le sait, a défini la sensation, *l'acte commun du sensible et du sentant :* cette conception a été transportée par la philosophie moderne de la sensation à la pensée elle-même. C'est ainsi que Bacon assimile l'intelligence humaine à ces miroirs qui déforment l'objet qu'ils réfléchissent [2].

---

[1] Name ist Schall und Rauch
Umnebelnd Himmelsglut. (*Faust*, IIe partie.)

[2] Mens humana, corpore obducta et offuscata, tantum abest ut speculo plano, æquali et claro similis sit, quod rerum radios sincere accipiat et reflectat, ut potius sit instar speculi alicujus *incantati*, pleni superstitionibus et spectris. — Bacon. *Novum Organum* (I. § 41).

Les phénomènes extérieurs n'arrivent, en effet, à la conscience, qu'après avoir traversé une série de milieux plus ou moins réfringents, dont le dernier est l'organisme humain : ils se trouvent ainsi plus ou moins transformés dans leur mode d'apparition. Pour Kant, l'esprit lui-même, avec ses lois propres, *espace* et *temps*, *catégories de l'entendement*, etc., constitue une sorte de prisme idéal à travers lequel les objets en étant aperçus sont nécessairement modifiés. Quand donc on admettrait que le fond intime de l'être, *la chose en soi*, pût tomber sous les prises de l'intelligence, il lui faudrait toujours se soumettre aux exigences de notre constitution intellectuelle : ainsi le *noumène*, par le seul fait de son apparition, deviendrait le *phénomène* de lui-même. Kant, on le sait, applique au sujet, aussi bien qu'à l'objet, cette condition à ses yeux universelle de la connaissance. Il en résulte une nouvelle définition qu'on peut appeler *critique* du mot *phénomène*, qui signifie alors : apparition dans une conscience d'un objet quelconque, fût-ce l'absolu lui-même. Il est clair que l'esprit ne saurait, par aucun moyen, sortir d'un phénoménisme entendu dans ce dernier sens.

De ces deux acceptions possibles du mot *phéno-*

mène, c'est la première qu'adopte la science. Lorsqu'elle prétend ne jamais dépasser l'horizon des faits et des lois qui les régissent, elle se défend uniquement de vouloir pénétrer l'essence cachée des êtres. Il n'en faudrait pas conclure qu'elle renonçât à dérober quelque parcelle d'une vérité *réelle* et *objective :* elle entend bien, au contraire, que l'ordre de ses conceptions, fussent-elles de purs symboles de ce qui est, reproduise de mieux en mieux ce qu'offre de constant et de régulier le cours même des choses. Eliminer des explications de l'univers et de l'homme tout ce qui provient uniquement du sujet et ne comporte aucun contrôle, aucune vérification possible au moyen des objets : telle est la préoccupation commune de la science et de la philosophie positive.

Par quels procédés atteignent-elles cet idéal, ou, tout au moins, arrivent-elles à s'en rapprocher indéfiniment ? C'est ce qu'il convient d'étudier maintenant. Après avoir vu à l'œuvre la méthode scientifique, on en pourra mesurer la portée exacte, et aussi, croyons-nous, l'incompétence pour la solution des problèmes métaphysiques.

Le premier travail auquel se livre le savant est l'élaboration des matériaux de sa construction idéale de l'univers, qui doit représenter le plus fidèlement possible la structure même des choses. Il importe que ces matériaux qu'il doit mettre en œuvre, soient parfaitement purs et débarrassés de tout élément étranger; pour cela, il lui faut souvent interpréter et redresser le témoignage des sens, qui ne révèlent que des faits complexes modifiés les uns par les autres, ou transformés par l'action propre de l'organisme.

La science antique, pour n'avoir pas su pratiquer cette analyse de la réalité en ses phénomènes élémentaires, a souvent fait fausse route. Aristote, par exemple, qui avait soupçonné la pesanteur de l'air, ne s'expliquait pas qu'une outre remplie de ce gaz pût flotter sur l'eau, tandis qu'une outre vide, et, par suite, moins lourde, tombait au fond [1]. Le principe d'Archimède, combiné avec la considération de la densité des corps, rend aisément raison d'un phénomène dont la simplicité n'est qu'apparente.

Quel esprit se laisserait, de nos jours, troubler par les objections des sceptiques anciens, tirées des erreurs des sens, par exemple, de l'illusion optique qui fait paraître brisé un bâton droit plongé dans l'eau ? La physique moderne, par la

---

Aristote. *De cœlo* (IV, 2, p. 486). — *Problèmes* (XXV, 13).

découverte des lois de la réfraction, a expliqué d'une manière qui ne laisse rien à désirer, cette apparente contradiction entre les données de la vue et celles du toucher.

Dissiper ces erreurs, imputables moins encore aux sens eux-mêmes qu'à leur éducation presque exclusivement pratique et nullement scientifique ; démêler au milieu de la complication inhérente aux choses ou introduite par l'esprit, chaque phénomène de la nature dans sa primitive simplicité : telle est la première tâche du savant, sorte de travail d'épuration et de rectification des données de l'expérience, qui a pour résultat de poser dans leurs véritables termes les problèmes à résoudre, d'en dégager et d'en isoler nettement les inconnues.

Toutefois, ce n'est pas assez de bien voir ce qui se présente de soi-même ; on doit aussi s'efforcer de découvrir, autant qu'il est possible, tout ce qui se dérobe au premier regard. Il faut, en d'autres termes, que l'observation soit non seulement exacte, mais encore complète. Réduit à ses seules facultés naturelles, l'homme bien souvent serait dupe d'une fausse simplicité des faits : or, une complexité réelle et reconnue est, à le bien prendre, préférable scientifiquement à une unité artificielle, fruit d'une expérience vague et d'une insuffisante information. Aussi, les savants se défient-ils, à bon droit, des généralisations prématurées et mal fondées, aimant mieux admettre dans leurs théories quelque désaccord provisoire qu'une harmonie purement fictive, vaine satisfaction de l'esprit qui serait au détriment de la vérité.

Les instruments de précision, destinés à rectifier ou à multiplier la portée des sens, sont les plus puissants auxiliaires de la science, dans cette seconde partie de sa tâche. Par eux se trouvent ouverts à la curiosité humaine les deux mondes aussi merveilleux l'un que l'autre de l'infiniment grand et de l'infiniment petit. Le télescope, qui découvre dans les champs du ciel des astres inconnus, qui résout les nébuleuses en amas d'étoiles, dont il observe la marche et donne le moyen de calculer les distances, a créé l'astronomie moderne. Le microscope, d'autre part, qui révèle dans une goutte de liquide l'existence de milliers d'êtres organisés, a, de la même manière, enfanté la microbiologie. L'analyse chimique est parvenue à dissocier les éléments considérés primitivement comme indécomposables. L'eau, l'air, la terre, où l'on avait cru voir, jusqu'au siècle dernier, les principes primitifs de la nature, ont été ramenés à des éléments plus simples, sinon absolument irréductibles. Cette résolution progressive de la matière en ses véritables unités physiques sera-t-elle jamais complète ? On ne peut, sans doute, l'affirmer, mais il ne serait pas moins téméraire de le nier. Un jour peut-être aussi, la théorie cellulaire, approfondie par de nouvelles conquêtes de l'analyse physiologique, parviendra-t-elle à éclairer l'obscur mystère de la vie.

Envisagée à ce premier degré de son développement, où elle constate plus encore qu'elle n'explique les choses, la science apparaît surtout comme œuvre d'*analyse*. Parmi les sciences qui étudient la réalité concrète, plusieurs, à l'heure qu'il est, n'ont guère dépassé ce premier stade : la chimie et plus encore la biologie, abondantes en minutieuses descriptions et en savantes analyses des corps bruts ou organisés, sont assez pauvres de ces lois générales, de ces formules simples et fécondes, grâce auxquelles les procédés mathématiques deviennent applicables aux phénomènes physiques les plus divers.

Cette décomposition de plus en plus exacte et complète de la matière en ses éléments constitutifs n'est d'ailleurs que la lente préparation de la science véritable. L'ambition de l'intelligence est, en effet, non seulement de *voir*, mais surtout de *comprendre* la réalité. Or, à ce premier moment de l'évolution de la science, l'univers s'offre à l'esprit comme un ensemble plus ou moins confus de phénomènes, de choses et d'êtres ; il n'apparaît pas encore comme un tout unique, qui puisse devenir l'objet d'un seul acte de pensée. L'analyse scientifique a eu seulement pour effet de substituer à un monde purement sensible une conception de la nature plus conforme à ce qu'elle est réellement. Mais elle a multiplié plutôt que simplifié les difficultés à résoudre. Toutefois, c'est seulement lorsque la constatation exacte et patiente des phénomènes a été poussée assez loin que doit commencer l'œuvre de la *synthèse expérimentale.* Par une circonstance fort heureuse pour la science, il se trouve que les objets et les faits à expliquer ne présentent pas des différences absolues ; mais au contraire, des ressemblances et des rapports, qui permettent de les grouper sous des *lois* communes, de ramener, par suite, à l'unité la diversité des choses à connaître.

Ce second procédé, par lequel l'intelligence humaine achève de prendre possession de la nature, n'est pas sans présenter quelque inconvénient. Si, d'un côté, il sert à simplifier et à coordonner dans une harmonieuse synthèse nos idées sur le monde, il entraîne nécessairement pour l'esprit le sacrifice d'une foule de détails et de particularités qui ne laissent pas d'avoir leur intérêt. Ces lacunes sont surtout sensibles, lorsqu'il s'agit de passer des formules et des lois à leurs effets multiples et de retrouver en partant de principes relativement simples toute la diversité des phénomènes réels. Le savoir humain ne se généralise qu'à la condition de s'appauvrir. C'est là une conséquence de cette grande vérité métaphysique proclamée par Leibnitz que, si tout se *ressemble,* tout aussi *diffère* dans la nature.

L'esprit aimerait cependant à ne rien laisser échapper des richesses qu'il a acquises. Il a heureusement le moyen de satisfaire son besoin d'unité, sans que l'étendue de ses connaissances ait à en souffrir. En effet, les particularités individuelles qui distinguent les êtres offrent elles-mêmes des ressemblances qui peuvent, à leur tour, se ramener à des *lois :* pas de détail si minime qu'il soit, pas de déviation apparente du cours ordinaire des choses, qui n'admette un certain degré de généralité, par lequel il se trouve rentrer dans l'ordre universel. Ainsi, l'unité peut être poursuivie à l'aide de la synthèse expérimentale, sans compromettre cette riche variété de la nature découverte et comme multipliée à plaisir par l'analyse scientifique.

Le premier et non le moins important des procédés synthétiques de la méthode objective, consiste à saisir, sous les différences superficielles, les secrètes et profondes analogies des êtres, à rapprocher les uns des autres les caractères en apparence les plus éloignés. C'est ainsi que des faits, longtemps réputés distincts et irréductibles, apparaissent, grâce au développement des idées scientifiques, comme des modes divers et des cas particuliers d'un fait unique. Par exemple, une vue de génie de Newton rapproche la gravitation des astres dans l'espace et le phénomène vulgaire de la chute des corps à la surface de la terre; les propriétés magnétiques sont assimilées par Ampère aux propriétés électriques; Lavoisier démontre que la respiration est une véritable combustion; enfin, les faits physiques les plus dissemblables à première vue, chaleur, son, lumière, électricité, sont aujourd'hui, selon la belle et féconde conception de Descartes, ramenés au mouvement. Viendra-t-il un jour où la science ne verra plus, dans l'innombrable variété des phénomènes de l'univers que les transformations d'un [phénomène unique et primordial? On ne peut pas plus l'affirmer que le nier sans témérité.

En attendant la réalisation d'un tel idéal, qui représenterait le dernier terme du progrès scientifique, l'esprit doit se contenter de généralisations et de synthèses moins ambitieuses, et tout d'abord de celles que permettent les lois dites *empiriques :* elles consistent, on le sait, à rattacher un phénomène donné à son antécédent invariable ou à la somme de ses conditions déterminantes. Les sciences dont l'objet est très complexe, comme la chimie, la physiologie, et jusqu'à un certain point, la physique, n'ont pu dépasser ce [premier degré d'unité. On sait, par exemple, que le curare possède la vertu de paralyser les nerfs moteurs, le chloroforme, celle d'abolir momentanément toute sensibilité, que le sulfate de quinine calme la fièvre ; mais on ignore par quelles actions secrètes, et grâce à quelles propriétés permanentes ces divers phénomènes se produisent. De telles lois, justement appelées *empiriques*, ne font guère sortir la science du *particulier ;* elles ont une importance pratique incontestable ; mais elles n'ont d'intérêt scientifique que comme acheminement à des synthèses plus générales et plus parfaites.

Le progrès dans cette voie consistera à déterminer, s'il est possible, le rapport mathématique qui lie l'effet à la cause. Ainsi, on a calculé que toutes les fois qu'un corps tombe, les espaces parcourus sont proportionnels aux carrés des temps qui représentent la durée de sa chute; que, lorsqu'un rayon lumineux traverse des milieux de densité différente, le rapport du sinus de l'angle d'incidence à celui de l'angle de réfraction est une quantité constante.

La condition requise pour que les lois de la nature puissent revêtir cette forme mathématique est la découverte d'un élément mesurable dans les phénomènes. C'est à cette circonstance que la grande hypothèse cartésienne du *mécanisme universel* doit sa fécondité scientifique. Cette conception, sans doute, ne représente pas, comme Descartes le pensait, l'*essence* même des choses; elle n'est, à vrai dire, qu'un symbole commode pour traduire mathématiquement des qualités qui, prises en elles-mêmes, ne comporteraient pas l'application du calcul. Ce procédé de substitution permet, en mécanique, de représenter les forces par des lignes qui indiquent le sens et l'intensité de leur action; de même, en physique, la puissance calorifique pourra être exprimée par la quantité de mouvement que produit dans une masse donnée l'élévation de température ; et on l'évaluera avec précision par la dilatation facilement mesurable d'un liquide ou d'un gaz. Tout l'artifice se réduit donc à considérer, au lieu des phénomènes eux-mêmes, soit leurs conditions, soit leurs effets mécaniques.

Si, comme l'espèrent quelques savants, toute la science pouvait un jour se ramener à une *mathématique universelle*, elle se trouverait alors avoir atteint le plus haut degré d'exactitude et de rigueur qu'elle comporte. Etant donné un état quelconque de choses, il lui serait possible de prédire à l'avance toutes les phases de l'évolution du monde, absolument comme l'astronome détermine les diverses positions que doit occuper un astre ou le retour périodique de tel ou tel phénomène céleste. A mesure, en effet, que les sciences admettent davantage cette introduction des mathématiques dans leurs recherches spéciales, elles parviennent à découvrir, par la seule puissance de la déduction, des faits jusque-là ignorés ou des lois encore inconnues. L'intervention de l'expérience devient alors, sinon inutile, au moins assez secondaire, ses résultats étant devancés par les calculs du savant.

Cette réduction du sensible à l'intelligible, réalisée par l'application indéfinie des mathématiques à l'étude du concret, constituerait une synthèse universelle des choses, qu'il est permis à la science d'ambitionner, sinon d'atteindre jamais. Cette synthèse tout *idéale* ne saurait d'ailleurs être confondue avec les synthèses *réelles*, mais toujours *particulières,* que peut opérer le chimiste dans son laboratoire. Ces dernières présentent, sans doute, un haut intérêt scientifique, et ne sont possibles que grâce à une connaissance suffisamment exacte des éléments de la réalité et des rapports qui en règlent la combinaison. Toutefois, peut-être est-il juste de voir dans le procédé lui-même plus d'*art* que de *science ;* toute sa valeur théorique se borne à offrir une contre-épreuve intéressante de l'analyse. Jamais, en effet, on ne serait assuré d'avoir épuisé l'objet tout entier, si, grâce aux rapports découverts par la synthèse, on ne parvenait à reconstruire le tout à l'aide des parties. On pouvait douter, tant que la recomposition de l'eau n'avait pas été effectuée après sa décomposition, qu'elle ne renfermât d'autres éléments constitutifs que l'oxygène et l'hydrogène. Lorsqu'avec les deux gaz, placés dans des conditions convenables, on a réussi à reproduire un liquide qui présente exactement les mêmes propriétés que l'eau, le scepticisme n'a plus de raison d'être au point de vue scientifique : la preuve expérimentale est faite.

Mais, encore une fois, cette sorte de création artificielle des composés naturels atteste plutôt la puissance de l'homme qu'elle n'ajoute à sa science.

La synthèse idéale et progressive qui résulte de la découverte des *lois* est donc seule véritablement féconde et instructive. L'étude des procédés spéciaux qui servent à la construire n'est pas de notre sujet : elle a, d'ailleurs, été faite avec une compétence qui ne laisse rien à désirer par Stuart Mill, dans son *Système de logique*, et par Claude Bernard, dans son *Introduction à la médecine expérimentale*. Nous n'avons en vue ici que de déterminer la portée véritable de la méthode scientifique, et la contribution qu'elle pourrait apporter à la solution des problèmes métaphysiques.

Ces problèmes, on l'a vu, se ramènent à trois principaux, qu'il y a lieu d'ailleurs de dédoubler : question de la réalité et de l'essence : 1º de la *nature*, 2º du *moi*, 3º de l'*absolu*. Or, de quel secours peuvent être les procédés de la science expérimentale dans ce genre de recherches ? Si l'on envisage le mode de connaissance le plus élevé auquel il leur soit donné d'atteindre, ce sera toujours une explication toute phénoméniste de la nature. Cette explication mériterait, sans doute, dans un certain sens d'être dite *objective*. Car l'esprit du savant faisant, pour ainsi dire, face aux choses, et écartant de parti pris toute vue, toute conception purement personnelle, s'efforce toujours de faire cadrer avec le cours même des choses l'ordre de ses pensées. Le physicien consulte sur la température les indications impassibles du thermomètre, et non les impressions de chaud ou de froid qu'il peut éprouver ; les variations possibles de l'instrument sont elles-mêmes corrigées par la mesure des influences ambiantes, pression, état hygrométrique, etc., notées par d'autres appareils de précision.

De là résulte, avant toute autre considération, que la science et la métaphysique ne sauraient guère s'allier ou se combattre que sur les deux problèmes qui constituent la métaphysique de la nature : la question de la réalité du monde extérieur et celle de son essence.

En effet, si la science positive s'attache à éliminer de plus en plus de ses théories toute donnée dérivée du sujet, elle tourne, en quelque sorte, le dos au *moi*, s'en éloignant d'autant plus qu'elle avance davantage dans sa véritable route. Comme, d'autre part, elle-même proclame le caractère tout *relatif* de la connaissance des choses obtenue à l'aide des procédés qui lui sont propres, elle s'interdit ainsi l'accès vers l'*absolu*, envisagé soit dans sa réalité, soit dans son essence. On voit que toute théologie lui est aussi étrangère que toute psychologie rationnelle.

Ecartant donc provisoirement les questions métaphysiques touchant le moi et le premier principe des choses, voyons de quel secours pourrait être la méthode expérimentale pour une solution dernière du problème cosmologique.

La science, on le sait, a renoncé de nos jours à pénétrer le mystère de l'origine et de l'essence intime des choses. Persuadée qu'elle se lasserait plutôt de chercher que la nature de fournir, trouvant le monde assez vaste pour suffire pendant longtemps à ses études, elle a borné son ambition à la tâche immense de l'explorer dans toutes ses parties. Or, lorsqu'elle s'efforce de déterminer avec une exactitude croissante les *phénomènes* et leurs *rapports*, elle laisse absolument indécise la question de savoir si le monde est en lui-même tel qu'elle le voit et le reconstruit. Ses théories les mieux établies restent au fond de purs symboles, équivalents de la réalité qu'ils représentent, à peu près comme une même équation algébrique peut exprimer les phénomènes les plus différents, son, chaleur, lumière, etc., qui n'ont de commun entre eux que l'ordre et la série de leurs variations.

Le *mouvement*, qu'il est permis de regarder comme le plus intelligible et le moins subjectif de tous les phénomènes physiques, dont il est peut-être le commun substratum, n'est toujours que la manifestation dans une conscience d'une réalité en elle-même inconnue. La science, eût-elle été ramenée à une mathématique ou à une mécanique universelle, ne serait encore qu'un vaste symbolisme, et aucune de ses conceptions ne pourrait jamais être regardée comme adéquate à l'objet auquel elle correspond. Il n'existe pas de définition capable d'épuiser la réalité des choses ou des êtres qu'elle explique : car, selon une idée chère à Leibnitz, la nature de toutes parts tend à l'infini. C'est pourquoi, même les classifications dites *naturelles*, les lois les mieux vérifiées, laissent toujours place à quelque lacune. Jamais elles n'embrassent la totalité des êtres ou des faits auxquels elles s'appliquent, et la science humaine est toujours courte par quelque endroit. Seules les mathématiques, qui ont affaire, non au réel, mais au possible, parviennent à épuiser leurs objets, pures créations de la pensée. On pourrait dire d'eux ce que Kant affirme en général de la connaissance *a priori* des choses : « *Wir erkennen von den Dingen* a priori *nur das was wir selbst in sie legen* [1]. » « Nous ne savons *a priori* des choses que ce que nous-mêmes y mettons. » Les sciences qui portent sur le concret, et non sur l'abstrait, ne sauraient atteindre à ce degré d'exactitude et de perfection. Toute leur ambition doit raisonnablement se borner à une détermination de plus en plus approchée des rapports existant entre des phénomènes d'ailleurs impénétrables dans leur essence.

On pourrait symboliser le degré d'*objectivité* que comporte la science positive à l'aide de l'exemple suivant, emprunté au livre des *Premiers principes* de M. Herbert Spencer. L'auteur se pro-

---

[1] Kant. *Critique de la raison pure.* — Préface de la seconde édit. Hartenstein, p. 19, s. init. — Le géomètre Poinsot dit dans le même sens : *Il n'y a dans une formule mathématique que ce qu'on y a mis.* (Mémoire sur la détermination de l'équateur du système solaire).

pose d'établir que le mouvement n'existe jamais que par rapport à un point donné ; que celui-ci pouvant lui-même être mobile, modifiera par suite, pour un spectateur idéal, le sens et la vitesse du premier mouvement, et ainsi de suite indéfiniment ; d'où il conclut que le mouvement en soi est chose absolument inconnaissable et même inconcevable.

« On pousse un corps avec la main, dit-il, et l'on voit qu'il se meut dans une direction définie. A première vue, il semble qu'il n'y ait pas moyen de douter de la réalité de son mouvement, ni de la direction qu'il suit. Cependant il est facile de montrer que non seulement nous pouvons avoir tort, mais que d'ordinaire nous avons tort de porter l'un ou l'autre de ces deux jugements. Voici, par exemple, un vaisseau que, pour plus de simplicité, nous supposerons mouillé à l'équateur, l'avant tourné vers l'ouest. Quand le capitaine va de l'avant à l'arrière, dans quelle direction se meut-il ? Vers l'est, répondra-t-on évidemment, et pour le moment cette réponse peut passer ; mais on lève l'ancre, et le vaisseau vogue vers l'ouest, avec une vitesse égale à celle du capitaine, quand il va de l'avant à l'arrière de son navire, c'est-à-dire vers l'est. Dans quelle direction celui-ci se meut-il maintenant? Nous ne pouvons plus dire l'est, comme tout à l'heure, puisque, tandis qu'il va vers l'est, le vaisseau l'emporte vers l'ouest, et réciproquement, nous ne pouvons pas dire l'ouest. Par rapport à l'espace ambiant, il ne bouge pas, bien qu'il paraisse se mouvoir pour tout ce qui est à bord. Mais sommes-nous tout-à-fait sûrs de cette conclusion? Le capitaine est-il réellement toujours au même point? Quand nous tenons compte du mouvement de la terre autour de son axe, nous voyons que le capitaine, loin d'être stationnaire, voyage vers l'est, à raison de 1000 milles par heure, de sorte que la perception de celui qui le regarde, pas plus que celle de celui qui tient compte du mouvement du vaisseau, ne se rapproche de la vérité. De plus, un examen attentif nous fera voir que cette conclusion corrigée ne vaut pas mieux que les autres. En effet, nous avons oublié le mouvement de la terre dans son orbite; comme il est de 68000 milles par heure, il s'ensuit qu'en supposant qu'il soit midi, le capitaine se meut, non pas à raison de 1000 milles à l'heure vers l'est, mais à raison de 67000 vers l'ouest. Et pourtant, nous n'avons pas encore trouvé le vrai sens ni la vraie vitesse de son mouvement. Au mouvement de la terre dans son orbite, il faut joindre celui du système solaire tout entier vers la constellation d'Hercule ; et, si nous le faisons, nous voyons que le capitaine ne va ni vers l'est, ni vers l'ouest, mais qu'il suit une ligne inclinée sur le plan de l'écliptique, et qu'il va avec une vitesse plus grande ou moindre, selon l'époque de l'année, que celle que nous avons donnée... On voit combien nos idées de mouvement sont décevantes. Ce qui semble se mouvoir est en réalité stationnaire ; ce qui semble stationnaire se meut en réalité ; ce qui, d'après nous, se meut dans une direction, se dirige avec une rapidité plus grande dans une direction contraire. Nous apprenons ainsi que ce dont nous avons conscience, ce n'est pas le mouvement réel d'un objet, mais son mouvement mesuré par rapport à un point donné [1]. »

S'il résulte de cet ingénieux exemple que le mouvement ne puisse être érigé en absolu, il ne s'ensuit nullement que les *relations* de ces divers mouvements entre eux soient dépourvues de toute réalité et n'aient aucune valeur *objective*. C'est déjà beaucoup de savoir qu'un point se meut par rapport à un autre, celui-ci fût-il

---

[1] Herbert Spencer. *Les premiers principes*. Trad. Cazelles. p. 57.

mobile lui-même, et dût-on calculer ensuite la perturbation apportée au premier phénomène par le second.

Dans l'*Essai sur les fondements de nos connaissances*, M. Cournot, détermine d'une manière analogue la part de ce qu'on peut appeler l'*apparent* et le *réel* dans les notions scientifiques : « La courbe compliquée qu'une planète vue de la terre semble décrire sur la sphère céleste, où l'on prend les étoiles pour points de repère, est une apparence, où la *vérité objective* se trouve faussée par des conditions subjectives inhérentes à la station de l'observateur. Au contraire, l'orbite elliptique décrite par un satellite autour de sa planète est un phénomène qui a sa *réalité relative* au système de la planète principale et de ses satellites. La trajectoire du satellite est un phénomène d'une *réalité* moins *relative*, parce qu'elle est une courbe plus composée, résultant d'une combinaison du mouvement elliptique de la planète autour du soleil. La trajectoire du même satellite apparaît comme un phénomène d'une *réalité* plus *absolue* encore, du moment qu'il est relié au mouvement encore peu connu du système solaire dans le groupe d'étoiles dont il fait partie. Et ainsi de suite, sans qu'il soit donné d'atteindre à la réalité vraiment absolue des mouvements célestes dans l'espace infini [1]. » Ampère observe de même fort ingénieusement qu'il existe une grande différence entre le firmament *apparent* et le firmament *réel,* découvert par le télescope et étudié par la science. Qu'une comète apparaisse dans le ciel phénoménal, les sens la verront tout autrement que l'esprit de l'astronome. Et néanmoins, il est permis d'affirmer que chaque détail de la courbe apparente de l'astre se retrouvera dans sa trajectoire vraie déterminée mathématiquement.

Or, il en est de même des résultats de la science en général, comparés à ce que pourrait être une connaissance adéquate de l'univers. Les *relations* qu'elle constate entre les faits sont *réelles,* au moins à titre de relations, et en supprimer quelqu'une, ce serait altérer la nature même des choses. Il est possible que, pour une intelligence embrassant la totalité des phénomènes du monde, il y eût immobilité dans beaucoup de cas où nous croyons voir le mouvement : c'est ainsi qu'en physique l'interférence de deux rayons lumineux

---

[1] *Essai sur les fondements de nos connaissances.* Livre I, chap. I, § 8.

produit de l'obscurité. Mais le caractère *objectif* de la science n'en est pas compromis, puisque celle-ci n'a nullement la prétention de se prononcer sur le fond de la réalité, mais uniquement sur les rapports d'éléments en eux-mêmes inconnus. Quant au problème de l'*essence* des choses, s'il comporte une solution, il dépasse, en tout cas, la portée de la méthode scientifique.

La même méthode aurait-elle plus de puissance pour établir la *réalité* d'un monde distinct de l'esprit? Cette seconde question métaphysique n'échappe pas moins que la première à sa compétence. Quand la Nature ne serait, comme le veut l'idéalisme allemand, que la création inconsciente du moi, l'acte extérieur de l'Esprit, la situation de la science n'en serait guère modifiée. Pourvu qu'il lui reste à connaître (ce qu'aucun système métaphysique ne lui a jamais refusé) des faits liés entre eux par certaines relations constantes, elle peut exister et se développer. Que ces faits se rattachent à des objets extérieurs ou qu'ils émanent du moi lui-même, c'est à leur succession réglée, plutôt qu'à leur réalité distincte, que s'intéresse le savant. Du moment où il trouve à étudier quelque part des phénomènes soumis à des lois invariables, il lui importe peu de n'avoir affaire qu'à une nature tout intérieure et idéale, douée, comme le moi dont elle dérive, d'une réalité purement subjective.

Il en serait de même dans la doctrine panthéistique, où le monde est considéré comme un simple mode d'un des attributs divins, l'Etendue infinie : la science, pour les mêmes raisons que précédemment, conserverait alors toute son autorité. Il est permis d'en conclure qu'elle est indifférente à toute solution métaphysique, d'où n'est pas bannie la notion de *loi*.

La valeur des procédés scientifiques résulte, sans doute, de cette indépendance qui les rend incompétents dans le double problème abordé par la cosmologie rationnelle. A la vérité, l'insuffisance de toute méthode métaphysique n'est pas moins évidente, dès qu'il s'agit de déterminer les phénomènes particuliers, et de découvrir les effets réels par la seule considération des causes premières.

Les bornes de la science apparaissent plus clairement encore, lorsqu'on essaie de transporter ses moyens de recherche, soit à l'étude de l'esprit, soit à celle de l'absolu.

Le principal effort de la méthode objective, on l'a vu, est d'éliminer des conceptions scientifiques tout ce qui dériverait du *sujet* seul. Ce dernier risque donc fort d'être oublié, et il l'est réellement, dans toute science et dans toute philosophie strictement fidèles à l'esprit positif. Le jour où la psycho-physiologie serait parvenue à expliquer la pensée uniquement à l'aide de ses conditions organiques, le *moi* aurait disparu dans cette analyse tout objective ; la science aurait détruit la conscience.

Peut-être objectera-t-on qu'à côté de l'expérience *externe*, il y a l'expérience *intime*. On avouera toutefois que les caractères et les données de ce second mode de la connaissance expérimentale diffèrent profondément de la forme et des résultats de la première : aussi, est-il permis de douter qu'elle soit propre à se constituer à l'état de science vraiment positive. Quoi qu'il en soit de cette question très controversée que nous réservons, le moi doit toujours rentrer en lui-même et non en sortir, s'il veut se saisir dans sa réalité et dans sa nature. Borné aux informations des sens, même amplifiées et rectifiées par les instruments de précision, l'esprit, selon la remarque d'Auguste Comte, « peut connaître tout, *excepté lui-même* [1]. »

(1) A. Comte. *Cours de philosophie positive*, (IIe leçon).

Est-il besoin d'ajouter que le problème métaphysique de l'absolu, plus encore que celui du moi, échappe aux procédés scientifiques, et que l'être infini et parfait, en admettant qu'il existe, ne comporte aucune vérification objective ? Si quelques philosophes, comme Locke et Condillac, ont espéré construire à l'aide de la méthode expérimentale une théologie rationnelle, ils n'y sont parvenus qu'en introduisant subrepticement dans leurs spéculations cette idée du parfait et de l'absolu, supérieure à toute expérience. Cette prétention n'est pas nouvelle : elle se trouve déjà exposée dans les écrits de plusieurs docteurs de la scolastique. Albert le Grand, par exemple, affirme que « la créature fait connaître Dieu *a posteriori*. » Roger Bacon, Saint-Thomas, Duns Scot, professent la même doctrine. « Notre entendement, dit l'auteur de la *Somme théologique*, est conduit par les choses sensibles à la connaissance divine, c'est-à-dire à *connaître de Dieu qu'il est* [1]. »

Kant [2] a bien mis en lumière l'insuffisance de ce procédé, par lequel on prétend tirer du spectacle des choses finies l'existence d'un être infini.

---

(1) *S. Théol*, I, q, II, art. 2.
(2) *Critique de la raison pure*. Trad. Barni, II. p. 209.

Sa critique établit d'une manière décisive que la preuve cosmologique ou la preuve physico-théologique ne se soutiennent que grâce à leur alliance dissimulée avec l'argument ontologique sous-entendu. C'est l'idée de la perfection, à laquelle on attribue, arbitrairement suivant lui, une valeur objective, qui est le nerf caché et qui fait la force de toutes les prétendues *démonstrations expérimentales* de l'existence de Dieu. Réduites à elles-mêmes, les considérations tirées soit de la réalité de la nature, soit de l'harmonie qu'on y découvre, manifestent seulement les traces dans le monde d'une intelligence ordonnatrice ; mais elles ne permettent de conclure ni à une intelligence parfaite, ni à une puissance créatrice infinie. Elles autorisent tout au plus la conception anthropomorphique d'un architecte des mondes, non celle d'un être absolu, cause souverainement bonne et sage de l'univers. Quand donc cette insuffisante dialectique serait utile pour élever l'esprit humain au-dessus des choses sensibles et du moi, elle n'aurait pas la vertu de le faire monter jusqu'à Dieu.

Ainsi, la méthode objective paraît incapable de résoudre le problème de l'être, sous quelque forme qu'il se pose, qu'il s'agisse de la nature, de l'âme, ou du premier principe des choses.

Cette question des rapports de la métaphysique et de la science a été envisagée d'une manière assez différente de la nôtre par M. Berthelot, dans son remarquable article : *la Science idéale et la Science positive*, et dans son ouvrage plus récent : *Science et philosophie*. « Dans les tentatives pour affirmer, ou tout au moins chercher un dernier mot des choses, dit le chimiste philosophe, il n'y a de probabilité qu'à la condition de s'appuyer *sur les mêmes méthodes qui font la force et la certitude des sciences positives* [1]... »

Dans la constitution de la métaphysique, que l'auteur appelle plus volontiers du nom de « science idéale », il ne reconnaît de procédé valable qu'une généralisation graduelle des résultats isolés de la science, conduisant à un système complet qui embrasse l'universalité des choses. La méthode philosophique consiste à prolonger, pour ainsi dire, idéalement, les lignes de la science dans la direction que celle-ci indique elle-même. « En deçà comme au delà de la chaîne scientifique, l'esprit humain conçoit sans cesse de nouveaux anneaux ; là où il ignore, il est conduit par une force invincible à construire et à imagi-

---

[1] *Revue des Deux-Mondes* du 15 novembre 1863, p. 413.

ner, jusqu'à ce qu'il soit remonté aux *causes premières* [1] ».

Mais, dans ses conceptions les plus hardies comme dans ses déductions les plus subtiles, la pensée spéculative ne saurait rien mettre qui ne vienne, d'une manière ou de l'autre, des données fournies par la science. Toute son œuvre se borne donc à imposer à cette matière un ordre, une *forme* qu'elle tire d'elle-même, qui souvent ne fait que changer, par excès de généralisation, les certitudes scientifiques en conjectures hasardées. Il existe, en effet, entre la science positive et la science idéale, cette différence essentielle que la première est le type de toute vérité rigoureusement établie, tandis que la seconde n'atteint jamais qu'à la vraisemblance et à la probabilité. Il n'en reste pas moins « qu'un système métaphysique, quelles que soient ses prétentions, ne fait autre chose qu'exprimer plus ou moins parfaitement *l'état de la science de son temps* [2]. »

L'auteur emprunte, pour confirmer l'exactitude de sa théorie, des exemples, soit à la philosophie ancienne, soit à la philosophie moderne, montrant que partout, depuis Thalès jusqu'à Hégel, les

[1] *Revue des Deux-Mondes* du 15 novembre 1863, p. 115.
[2] *Ibid.*, p. 248.

conceptions métaphysiques ont été invariablement modelées sur les connaissances positives acquises à chaque époque par l'humanité. « Le seul vrai et légitime procédé pour construire la science idéale, conclut M. Berthelot, [1] résulte clairement des données inscrites dans l'histoire même de la philosophie :

« Un système n'a de vérité qu'en proportion de la somme de *réalités* qu'on y introduit. Il ne s'agit plus désormais de choisir le système, le point de vue le plus séduisant par sa clarté ou par les espérances qu'il entretient. Rien ne sert de se tromper soi-même. Les choses sont d'une manière déterminée, indépendante de notre désir et de notre volonté. »

« Il s'agit de faire maintenant avec méthode et pleine connaissance de cause ce que les systèmes ont fait avec une sorte de dissimulation inconsciente. »

Que penser de cette thèse, suivant laquelle toutes les erreurs de l'esprit humain seraient l'œuvre de la métaphysique, et le peu de vérité entrevue ou découverte, la légitime propriété de la science? Ne serait-ce pas le cas de dire, en reprenant un mot de La Bruyère, que la science se

---

[1] *Science et Philosophie*, chez Calmann Lévy, 1886.

comporte à l'égard de la philosophie, « comme ces enfants drus et forts d'un bon lait qui battent leur nourrice? » Combien, en effet, de doctrines scientifiques, depuis la théorie atomique, dont l'idée première remonte à Démocrite, jusqu'à l'hypothèse transformiste déjà émise par Anaximandre, sont nées de conceptions à l'origine toutes métaphysiques !

Il n'est pas moins certain, d'autre part, que les idées scientifiques ont, de tout temps, exercé une influence plus ou moins profonde sur les doctrines philosophiques. Mais est-il légitime d'en conclure que les divers systèmes sur le monde et sur l'homme ne sont autre chose que des théories scientifiques généralisées? Quelle a bien pu être, par exemple, la contribution de la science positive dans la genèse de l'idéalisme de Platon ou du monadisme de Leibnitz? Quels sont les faits observables sur lesquels reposerait la philosophie de l'identité de Schelling ou le panthéisme idéaliste de Hégel?

Dira-t-on, et c'est en effet la réponse de l'auteur, qu'à défaut de données empruntées aux sciences physiques, la philosophie a la faculté de puiser dans le trésor non moins riche des sciences morales; que celles-ci commencent de nos jours à se constituer à l'état positif, aussi bien que la physique, la chimie et la biologie. Si l'on admet cette dernière opinion, la thèse perd en unité et en originalité ce qu'elle gagne en largeur et sans doute en vérité. L'assimilation des faits moraux aux phénomènes sensibles, et de l'expérience interne à l'expérience externe ne s'impose pas avec tant d'évidence qu'elle n'ait divisé l'école positiviste en deux fractions hostiles. On sait que le positivisme, dans la forme où il a été constitué par Auguste Comte, ramène à la *physiologie cérébrale* les sciences appelées *noologiques* par Ampère. Le positivisme anglais, au contraire, tel que l'a, en particulier, développé Stuart Mill, maintient fermement la distinction et même l'indépendance de la psychologie et de la morale à titre de *sciences subjectives*.

N'y a-t-il pas, d'autre part, quelque témérité à présenter la morale Kantienne comme le triomphe de l'esprit positif ? « C'est en établissant les vérités morales sur le fondement solide de la raison pratique, dit M. Berthelot, que Kant leur a donné, à la fin du siècle dernier, leur base véritable et leurs assises définitives... La notion du *devoir* est par là reconnue comme un fait primitif, en dehors et au-dessus de toute discussion... Il en est de même de la *liberté*... La discussion abstraite, si longtemps agitée entre le fatalisme et la liberté, n'a plus de raison d'être. L'homme sent qu'il est libre : c'est un fait qu'aucun raisonnement ne saurait ébranler. Voilà quelques-unes des conquêtes capitales de la science moderne [1]. »

Est-il bien conforme à la vérité des choses et à l'esprit de la science de voir dans ce qu'on pourrait appeler les phénomènes philosophiques, le devoir, par exemple, ou la liberté, des faits de même nature que le mouvement ou toute autre propriété physique ? Un illustre savant [2] a été jusqu'à affirmer que la notion de l'*infini* était aussi *positive* qu'aucune donnée scientifique. Si les concepts propres à la métaphysique, ceux de l'idéal, de la finalité, de l'absolu, de la perfection, etc., sont du même ordre que les idées de son, de lumière, de chaleur dont s'occupe la science, on peut, en effet, soutenir que la méthode expérimentale est de mise en philosophie. Mais il est permis d'élever quelques doutes sur la légitimité d'une pareille assimilation.

(1) Ibid, p. 448.
(2) M. Pasteur. *Discours de réception à l'Académie française.*

Quelque loin que la science poursuive la régression de la chaîne infinie des causes secondes, elle n'atteint jamais la cause première, qui est située hors de la série phénoménale. Fût-elle parvenue à saisir, en remontant le cours des âges, l'évolution des choses et des êtres, sortant progressivement du sein de « la nébuleuse primitive » de Laplace, la solution du problème de l'être ne serait en rien avancée : la genèse d'un atome est aussi incompréhensible scientifiquement que la création d'un monde [1].

La question de l'origine première de l'univers reste donc mystérieuse, quelques progrès que l'on attribue par la pensée aux explications dites positives.

Le problème de l'*essence* des choses n'est pas plus facile à résoudre à l'aide des procédés scientifiques. Comment, en effet, choisir dans les concepts multiples des diverses sciences celui qui servira à définir la réalité? S'arrêtera-t-on aux propriétés mathématiques pour les ériger en con-

---

[1] « Si l'hypothèse de la nébuleuse rend compréhensible la genèse du système solaire..., le dernier mystère reste aussi impénétrable... Le problème de l'existence n'est pas résolu ; *il est simplement reculé...* En vérité, loin de rendre l'univers moins mystérieux qu'auparavant, elle en fait un plus grand mystère. » H. Spencer, *Essais.* — T. I. (p. 208).

ditions universelles de l'être? On sera conduit à un idéalisme abstrait analogue à la philosophie pythagoricienne. Prendra-t-on, au contraire, quelque élément physique primitif pour en faire la cause suprême de la nature et de l'homme? C'est alors le matérialisme qui sera la véritable « science idéale ». Mais pourquoi ne pas aussi bien définir l'être par la vie et par la pensée? On inclinera alors vers le spiritualisme, en traversant l'hylozoïsme.

Une métaphysique, issue tout entière de la science ou plutôt des sciences, sans aucun principe directeur (par exemple, la nécessité d'expliquer le *supérieur* par l'*inférieur* ou *vice-versa*), une telle métaphysique, disons-nous, risquerait fort de manquer d'unité. Ce défaut serait plus sensible encore, si, comme on le prétend, les sciences de l'esprit devaient être mises sur le même plan que les sciences du monde.

Bien que l'explication scientifique ne puisse être convertie en métaphysique, toutefois cette extension illégitime du point de vue qui lui est propre conduit nécessairement à une conception déterminée des choses. Il suffit pour cela d'admettre que cette explication représente à elle seule toute la vérité. Si l'on ne reconnaît comme réelles que les notions dites *objectives*, on sera amené à définir toute réalité par la matière ou par quelqu'une de ses propriétés. L'étude scientifique des êtres et des phénomènes consiste, on l'a vu, à les résoudre en leurs éléments pour les rattacher ensuite, s'il était possible, à une loi unique et universelle. Une philosophie inspirée du même esprit aura presque infailliblement un caractère matérialiste. Tel est, en effet, le résultat ordinaire de l'analyse appliquée à outrance : or, ce procédé est pour la science le véritable instrument de recherche. Cette idée a été développée, avec la profondeur qui lui est habituelle, par M. Ravaisson dans son *Rapport sur l'état de la philosophie en France*. L'auteur y soutient, d'après A. Comte, qu'il est juste d'appeler *matérialiste* toute explication des choses qui cherche à absorber les données d'une science *supérieure* dans celles d'une science *inférieure*[1]. Telle est, on le sait, la tendance générale, sinon légitime, de la science contemporaine qui s'efforce partout de ramener les faits les plus compliqués à des conditions de plus en plus élé-

---

[1] « L'analyse, descendant de décomposition en décomposition à des matériaux de plus en plus élémentaires, tend à tout résoudre dans l'absolue imperfection où il n'y a ni *forme*, ni *ordre*. » — Ravaisson. *La Philosophie en France au XIXe siècle*. Paris, 1885 (p. 256).

mentaires : la pensée et la sensation aux phénomènes cérébraux, ceux-ci, à leurs conditions physico-chimiques, enfin ces dernières aux mouvements variés dont traite la mécanique, elle-même destinée à se résoudre tôt ou tard dans les mathématiques pures. Par une sorte de renversement de la loi de la concurrence vitale, c'est ici l'inférieur qui absorbe le supérieur : les sciences qui étudient les êtres les plus complexes semblent devoir disparaître devant celles qui traitent des objets les plus simples.

« Nous distinguons aujourd'hui, dit Claude Bernard, trois ordres de propriétés manifestées dans les phénomènes des êtres vivants : propriétés physiques, propriétés chimiques et propriétés *vitales*. Cette dernière dénomination est provisoire, car nous appelons *vitales* les propriétés organiques que nous n'avons pas encore pu réduire à des considérations *physico-chimiques* ; mais il n'est pas douteux qu'on y arrivera un jour. » Plus d'un physicien, plus d'un chimiste estime de même que sa science est appelée à devenir un chapitre de la science générale du mouvement. Ainsi, s'effectuerait de proche en proche la réduction de tous les faits de la nature au pur mécanisme.

S'en tenir à cette hypothèse suffisante, avantageuse peut-être, à la science positive, ce n'est pas être matérialiste. Le matérialisme commence dès que cette explication purement mécaniste de la réalité, dépassant ses bornes naturelles, a la prétention de remplacer les solutions que l'esprit a de tout temps demandées à la métaphysique ; au moment où la science s'érige contre son droit en philosophie, nie la valeur des autres théories sur l'univers et sur l'homme, veut, en un mot, restreindre à la connaissance *objective* tout le savoir humain.

La science, nous l'avons vu, procède par décomposition, poursuivant en toutes choses l'unité d'élément ou de loi. Or, quelque loin qu'elle pousse cette régression et cette interprétation des phénomènes, elle ne sort jamais du monde sensible, le concret eût-il été simplifié par elle au point de se confondre avec les abstractions mathématiques. Les conceptions scientifiques les plus générales ne sont encore, à vrai dire, que des extraits de sensations, que les données mêmes de l'expérience externe subtilisées et systématisées par un travail spécial de l'esprit. Se condamner à juger les choses de ce point de vue restreint, définir l'être comme une masse étendue, divisible ou non, une ou multiple, douée des qualités dont nos sens la revêtent ou réduite à ne posséder que des propriétés purement mathématiques : c'est, qu'on le veuille ou non, être *matérialiste*.

Or, un pareil système, pris dans son sens et sa portée véritables, ne se soutient que grâce à l'introduction d'un concept métaphysique, qu'aucun effort d'analyse ne saurait dériver des sens : la notion de l'absolu. Le matérialisme est au fond une apothéose de la matière, c'est-à-dire la transformation en réalité absolue des données toutes relatives de l'expérience sensible. Mais de quel droit convertir ainsi une connaissance purement phénoménale en un principe éternel, produisant toutes choses, la pensée elle-même, par son infinie fécondité ? N'est-ce pas dépasser singulièrement la portée naturelle de la méthode adoptée ? N'est-ce pas, à vrai dire, se mettre en contradiction ouverte avec l'esprit même de la science ? A quel type de vérité le matérialiste a-t-il donc éprouvé la valeur des explications positives pour les déclarer seules légitimes, et pour répudier tout autre point de vue sur la réalité ?

Encore une fois, une telle doctrine tire toute son autorité du concept rationnel de l'absolu et non du seul mode de connaissance dont elle admette la valeur : l'expérience sensible. Cette antinomie entre la méthode et les résultats permet d'opposer provisoirement au matérialisme une fin de non recevoir. La notion de l'absolu n'ayant pas été étudiée et critiquée en elle-même, mais empruntée pour les besoins du système à la raison, l'application qu'on en fait au concept tout objectif de la réalité physique est arbitraire. Une telle critique dépasserait d'ailleurs la compétence de la méthode du matérialisme : elle appelle, par suite, une étude distincte de toutes les recherches expérimentales.

Nous sommes amenés à nous demander maintenant si la seconde forme de la méthode scientifique, celle qu'applique le mathématicien, ne conviendrait pas mieux que la première à la métaphysique, si les sciences exactes ne recèleraient pas, comme le pensait Descartes [1], les procédés nécessaires et suffisants pour la solution du problème de l'être.

---

(1) Regulæ ad directionem ingenii. (Reg. IV.)

CHAPITRE III

DE LA MÉTHODE OBJECTIVE (SUITE)

Méthode mathématique. — Autonomie des sciences exactes dans leur objet et dans leur méthode. — Leurs divers procédés d'*analyse* et de *synthèse*. — Impuissance de ces procédés dans la solution des problèmes métaphysiques touchant le monde, le moi ou l'absolu. — Parties de l'*idéal* et du *possible*, les mathématiques y demeurent à jamais enfermées.

Les mathématiques, dans le précédent chapitre, n'ont été considérées que comme un instrument idéal de précision à l'usage des sciences positives. Elles sont, en effet, pour celles-ci un puissant moyen de généralisation et même de découverte, une sorte de langue universelle propre à traduire avec rigueur les résultats toujours plus ou moins approximatifs de l'expérience. C'est à ce rôle de simple auxiliaire vis-à-vis de l'expérience que l'école empirique, depuis Bacon, prétend réduire les mathématiques. Auguste Comte n'hésite pas à affirmer que « la géométrie et la mécanique doivent être envisagées comme de véritables *sciences naturelles*, fondées sur l'observation, quoique par l'extrême simplicité de leurs phénomènes, elles comportent un degré infiniment plus parfait de systématisation, qui a pu faire méconnaître quelquefois le *caractère expérimental* de leurs premiers principes [1]. »

Si cette conception était exacte, et si la vérité d'une proposition mathématique, comme : $1 + 1 = 2$, était un *fait d'observation*, ainsi que le soutiennent Littré et Stuart Mill [2], il serait superflu de se livrer à une étude spéciale des procédés mathématiques ; on pourrait dire qu'ils se ramènent, en dernière analyse, à ceux de la science expérimentale plus ou moins généralisés.

Mais, à côté de cette école, il en existe une autre, dont Descartes est le chef dans les temps modernes, et pour laquelle les mathématiques représenteraient non seulement une division à part dans la hiérarchie scientifique, mais encore mériteraient d'y tenir le premier rang. Kant se rallie à cette opinion, lorsqu'il déclare « que chaque

[1] A. Comte. *Cours de philosophie positive*, XVe leçon.
[2] Littré. *La Philosophie positive*, n° 1. — Stuart Mill. *Système de logique*. Liv. II, chap. VI.

branche des sciences physiques ne contient de *science proprement dite* que ce qui s'y trouve de *mathématique* [1]. »

Si cette seconde opinion est fondée, les procédés des mathématiques seraient non seulement irréductibles, mais de tout point opposés à ceux des sciences expérimentales. Tandis que les dernières partent du multiple et du concret pour arriver au simple, représenté par l'*élément* ou la *loi*, les premières ont pour principes des données abstraites, dont la complication graduelle engendre tous les développements de la science ; tandis que les unes procèdent par *observation* et par *induction*, les autres opèrent par *définition* et par *déduction ;* la définition, qui est l'*introduction* des mathématiques, est, au contraire, la *conclusion* des sciences expérimentales ; elle est chez celles-là *synthétique*, chez celles-ci, *analytique*, etc.

Ainsi, les deux ordres de sciences ne semblent pas moins s'opposer dans leur méthode que dans leur objet. Il paraît impossible, dans l'état actuel des connaissances humaines, de ramener à l'unité cette dualité, d'y voir la double

---

[1] *Fondements métaphysiques de la science de la nature*, (Préface).

face d'une science unique. L'école empirique n'a pas encore réussi à convertir, par la seule expérience, les données sensibles en éléments purement intelligibles. Inversement, on est obligé de reconnaître l'insuccès de toutes les tentatives rationalistes pour reconstruire, à l'aide de pures idées, le monde dans sa réalité concrète. Aucune complication de figures, aucune synthèse de mouvements n'a pu encore engendrer une seule qualité sensible; jamais, en combinant des points géométriques, on n'est parvenu jusqu'ici à en faire sortir soit un phénomène physique, soit un élément chimique. La science humaine est ainsi comme divisée en deux tronçons, qui cherchent sans cesse à se rejoindre, sans jamais y arriver. Il y a donc lieu d'étudier séparément, en vue de la question qui nous occupe, la méthode propre aux mathématiques.

Quelque opinion que l'on professe d'ailleurs sur l'origine et la nature de leur objet, nul n'hésite à voir dans les spéculations du mathématicien des types d'évidence et de rigueur scientifique. Il n'est donc pas étonnant que la philosophie ait, à diverses reprises, tenté d'introduire dans ses recherches un peu de cette clarté souveraine et de cette exactitude absolue. A quelle organisation spéciale les mathématiques sont-elles redevables de cette merveilleuse certitude ? Pour résoudre cette question, il importe d'abord de déterminer nettement le but qu'elles se proposent.

Tandis que les sciences physiques et naturelles, dont l'objet est donné dans sa complexité réelle, envisagent le monde dans sa *matière*, les mathématiques, sciences de l'abstrait, le considèrent plutôt dans sa *forme*. Peut-être d'ailleurs y a-t-il, à ce point de vue, continuité insensible plutôt qu'interruption brusque dans la hiérarchie scientifique. La physique, par exemple, s'occupe de phénomènes généraux, tels que la chaleur, la lumière, l'électricité, sans s'intéresser vraiment aux objets ou aux êtres dans lesquels ils se passent ; elle se rapproche par là des mathématiques, qui étudient certaines propriétés communes à tout objet matériel. La chimie, au contraire, qui analyse les corps pris individuellement, offre plus d'affinité avec les sciences naturelles.

On peut dire d'ailleurs que l'objet d'une science quelconque est toujours plus ou moins un résultat de l'abstraction. Chacune, en effet, envisage à son point de vue propre la réalité ; elle en néglige ainsi tous les autres aspects, qui sont étudiés, à leur tour, par le reste des sciences. Pourtant c'est à juste titre que les mathématiques passent pour être par excellence les sciences de l'*abstrait*. Elles ne s'occupent, en effet, que des conditions les plus générales de l'existence matérielle, *nombre*, *étendue*, *temps*, *mouvement*; elles embrassent tout ce qui comporte accroissement ou diminution, d'un mot, la *grandeur*, sous toutes ses formes. Outre la quantité mesurable, Descartes [1] observe que les mathématiques ont encore pour objet l'*ordre*, dont les principales variétés sont la *situation*, la *configuration*, la *forme* et la *combinaison* [2]. Dans la représentation graphique d'une équation algébrique à l'aide d'une courbe déterminée, on a un exemple de l'alliance possible de ce dernier concept mathématique avec celui de grandeur. Ce second élément, qui se rapporte à la *qualité* plus encore qu'à la *quantité*, joue un rôle considérable en géométrie et fait le fond de cer-

(1) .... « Quod attentius consideranti tandem innotuit, illa omnia tantum, in quibus *ordo* vel *mensura* examinatur, ad mathesim referri, nec interesse utrum in numeris, vel figuris, vel astris, vel sonis, aliove quovis objecto talis mensura quaerenda sit. » *Regulæ ad directionem ingenii*. (Reg. IV).

(2) *Dictionnaire des sciences philosophiques*, au mot *Mathématiques*. (article de M. Cournot.)

taines théories importantes, comme celles de la *symétrie,* des *combinaisons,* des *fonctions,* etc.

L'objet de la science mathématique une fois nettement délimité, il reste à examiner les procédés à l'aide desquels elle se constitue.

Le premier de tous, celui qui fournit au savant la matière idéale sur laquelle il travaille, c'est la *définition.* Par la définition l'esprit se fixe certains points de repère, qui lui permettent de s'orienter dans le domaine infini des conceptions mathématiques : Ainsi, le géomètre découpe dans l'espace une multitude de figures, dont il étudie les propriétés, à peu près comme le physicien et le chimiste analysent les qualités des corps concrets. C'est ce procédé qui fait sortir de son indétermination primitive l'objet des mathématiques.

Définir c'est, en général, assigner à un être ou à une chose sa nature propre. Les définitions mathématiques, portant sur de simples concepts, offrent avec les définitions empiriques, qui ont pour objet le réel, d'importantes différences.

C'est affaire au philosophe de résoudre la question si controversée de l'origine de ces concepts : le mathématicien se contente de les développer tels qu'il les trouve dans les idées du sens commun.

Pourtant, quelque solution qu'on adopte sur l'essence des notions mathématiques, on n'y saurait voir des produits bruts de l'expérience, des représentations absolument fidèles de certains objets extérieurs. D'abord, le mathématicien opère souvent sur des figures ou des nombres qu'il n'a jamais rencontrés dans la réalité, et que l'imagination même est impuissante à se représenter. De plus, les données mathématiques ont un caractère d'exactitude et de perfection, qui ne saurait leur venir que de l'esprit. Quand même on admettrait que celui-ci tire de l'expérience les premiers matériaux de ses constructions imaginaires, il est certain qu'il les transforme après coup, les épure, les généralise, s'affranchissant bientôt de toute donnée sensible, de toute suggestion expérimentale.

Ce travail de rectification est assez analogue au procédé expérimental par lequel le physicien et le chimiste se procurent les phénomènes ou les éléments naturels à un état de pureté parfaite. Toute la différence c'est qu'on recherche ici une exactitude réelle et objective, là une précision tout idéale et subjective. Les deux opérations trahissent manifestement l'activité de la pensée soit dans la *constatation* rigoureuse de ce qui est, soit dans la *construction* de ce qui pourrait être. Les définitions mathématiques, n'étant pas astreintes à cadrer avec des objets réels, on comprend qu'il soit possible à l'esprit de les improviser. Le mathématicien demandera tout au plus à l'expérience quelques suggestions sommaires, ou profitera simplement des inexactitudes de l'observation sensible. Ces inexactitudes mêmes sont, sans doute, la condition de la perfection artificielle dont il revêt ses objets. Il n'existe assurément dans la nature aucune ligne véritablement droite, aucun carré ni aucun cercle absolument réguliers et tels que la géométrie les définit : cependant un fil fortement tendu peut *paraître* à l'œil d'une rectitude parfaite, un cercle réel, tracé avec quelque soin, présente toutes les apparences d'un cercle géométrique. D'ailleurs, grâce à sa faculté d'abstraire, et aussi sans doute, en vertu d'un besoin inné de régularité, l'esprit peut corriger, amplifier, idéaliser plus ou moins la réalité sensible.

C'est ce résultat de l'activité intellectuelle que la définition mathématique est appelée à fixer dans une formule aussi nette que possible. Une pareille définition est, comme l'appelle Kant, *constructive* ou *synthétique*, tandis que la définition empirique est plutôt *descriptive* ou *analytique*. Exprimer l'essence d'une figure, c'est l'engendrer, c'est indiquer sa loi de formation, en un mot la produire idéalement : d'où le nom de définition *génétique* qui a encore été donné à ce procédé mathématique. Ainsi, l'ellipse sera « la courbe décrite par un point, dont le mouvement est astreint à cette condition que la somme de ses distances à deux points fixes intérieurs soit constante » ; le cercle « la figure engendrée par la rotation d'une droite inextensible autour d'un de ses points considéré comme immobile. »

On pourrait aussi se contenter d'énoncer une propriété importante de l'objet mathématique à définir. On caractériserait, par exemple, d'une manière suffisante la circonférence, en disant qu'elle est « une ligne dont tous les points sont équidistants d'un point intérieur appelé centre. » Présentée sous cette forme, la définition est plutôt descriptive que constructive, et se rapproche de la définition empirique. Mais on devra préférer le premier mode, qui est propre aux mathématiques, et fournit déjà une première explication de l'objet, en le rattachant à sa cause idéale, en le faisant naître, en quelque sorte, dans l'imagination.

En général, lorsqu'on a reconnu qu'une propriété appartient d'une manière exclusive à un nombre ou à une figure, on la peut choisir pour élément caractéristique de la chose à définir. C'est en concevant les définitions philosophiques sur le type des définitions mathématiques que Spinoza affirme que deux substances ne sauraient posséder en commun le même attribut : proposition fondamentale de la doctrine panthéistique. Cette propriété essentielle d'un objet mathématique représente à peu près ce qu'on nomme le *caractère dominateur* dans les définitions des sciences naturelles.

C'est évidemment à leur mode de formation que les définitions mathématiques doivent cette *immutabilité* et cette *universalité*, que la philosophie a si souvent ambitionné de leur emprunter. Parfaites dès le début, elles ne se sont pas formées progressivement, et, pour ainsi dire, pièce à pièce, comme les concepts de la science expérimentale, fruits d'une élaboration plus ou moins lente : Platon et Euclide n'avaient pas du cercle ou de la sphère d'autres idées que Newton et Laplace. De là, cette rigueur absolue, que les sciences positives elles-mêmes ne feront jamais qu'envier aux mathématiques ; car *l'élément simple* qu'elles poursuivent ne saurait être découvert, s'il doit l'être jamais, qu'au terme de leurs recherches : il est, au contraire, le point de départ des sciences exactes.

Ce n'est pas seulement de leurs définitions, toujours adéquates à l'objet qu'elles expriment, que les mathématiques tirent la certitude qui leur est propre ; elles la doivent aussi à la simplicité et à l'évidence du principe qui règle et domine toutes leurs recherches. Ce principe est l'*axiome d'identité,* le plus évident de tous les principes ; car il n'est que l'expression de la foi naturelle de la pensée en elle-même : « La même chose ne saurait en même temps et sous le même rapport être et n'être pas donnée dans un même sujet [1]. » C'est à cet axiome primitif que peuvent se ramener tous ceux qui méritent ce nom, c'est-à-dire tous les principes communs aux démonstrations mathématiques, quelles qu'elles soient.

Développer sous le contrôle des axiomes les définitions, qui représentent toute la matière de la science : telle est la tâche véritable du mathématicien. Voyons comment il la réalise.

---

[1] Aristote *Métaphysique* (Liv. IV.)

Il s'agit, étant donné un objet ou, pour mieux dire, un concept, défini par l'un de ses caractères essentiels, d'en tirer toutes les propriétés secondaires qui dérivent de ce caractère dominateur. Il est clair que l'on n'aboutirait pas au résultat cherché, si l'on étudiait les concepts mathématiques isolés les uns des autres. Il faudra donc tout d'abord comparer leurs éléments constitutifs, et voir comment ils se combinent pour former une notion unique.

Cette comparaison a pour avantage de fournir des définitions variées d'un même objet, résultat qui, au premier abord, semble contraire à l'exactitude mathématique. Il n'en est rien, toutefois, et ce procédé, convenablement appliqué, permet souvent d'éclaircir des questions qui seraient insolubles par toute autre méthode. On pourra, en géométrie, par exemple, considérer une ligne comme engendrée par un point qui se meut dans une direction déterminée, ou comme résultant de l'intersection de deux surfaces. La surface à son tour sera définie, soit au moyen d'une ligne, astreinte à se déplacer suivant une certaine loi, soit comme produite par l'intersection de deux volumes. Le solide, à son tour, sera tantôt regardé comme formé d'une infinité de points, séparés par des intervalles infiniment petits, ou inversement la notion du point pourra dériver de la considération d'un corps dont le volume décroîtrait sans cesse.

On peut voir dans ce fait une analogie remarquable avec ce qui se passe dans les sciences de la nature, où, presque toujours, l'inférieur est indispensable pour comprendre le supérieur, et toutefois devient lui-même plus intelligible à la lumière de ce dernier. « S'il n'existait pas d'animaux, dit Buffon, la nature de l'homme serait bien plus incompréhensible. » Auguste Comte, dont le témoignage en pareille matière n'est pas suspect, observe avec non moins de vérité que, sans la physiologie et l'anatomie du corps humain, la physiologie et l'anatomie animales nous seraient à peu près fermées [1].

De cette comparaison opérée entre éléments mathématiques, il résulte qu'en géométrie, par exemple, toutes les figures : ligne, surface, volume, peuvent être considérées comme formées de points ; qu'elles offrent, par suite, une home-

---

(1) « La notion générale de *l'homme* étant, par sa nature, la seule immédiate, elle constitue inévitablement la seule unité fondamentale d'après laquelle nous puissions apprécier, à un degré plus ou moins exact, *tous les autres systèmes organiques.* » *Cours de philosophie positive.* T. III, XL⁰ leçon, p. 217.

généité parfaite, vainement poursuivie dans l'étude du réel. Mais ici encore cette unité d'essence, produit d'une abstraction de la pensée, réside dans les principes mêmes de la science mathématique, tandis qu'elle représenterait le dernier mot des sciences physiques, le jour où celles-ci seraient achevées.

Une fois que les éléments géométriques ont été combinés dans des constructions diverses, on est amené naturellement à comparer entre elles les figures ainsi engendrées. Par exemple, une circonférence et une droite ou toute autre figure, situées dans un même plan, peuvent occuper l'une par rapport à l'autre, plusieurs positions. On arrive, en rapprochant leurs propriétés, à mettre en lumière de nouveaux rapports mathématiques. De même, la valeur de la somme des trois angles d'un triangle est déterminée par la construction d'une parallèle à l'un des côtés. D'autres fois, ce sont les relations de deux figures différentes qui sont démontrées par le même procédé. Ces vérités, plus complexes que les *définitions*, portent le nom de *théorèmes*. A l'aide des propositions les plus élémentaires, prises à leur tour comme principes, on engendre d'autres théorèmes plus compliqués, et ainsi de suite à l'infini.

7

Chaque partie de la science, à un moment quelconque de son progrès, se trouve ainsi résumer toutes les précédentes découvertes, et contenir en germe tous les développements futurs.

L'esprit ne peut évidemment extraire des données mathématiques que ce qu'il y a mis par la définition, comme d'un édifice on ne saurait retirer d'autres matériaux que ceux qui ont servi à le bâtir. Toutefois, la construction a en elle-même son prix et sa beauté. Telle est aussi la valeur de la science mathématique, œuvre de la pensée pure, lorsqu'elle développe méthodiquement les concepts abstraits élaborés par elle.

On voit que les mathématiques, après la première analyse nécessaire à la détermination de leur objet, construisent par un procédé synthétique, les définitions et les théorèmes, qui constituent leurs découvertes propres.

Il est rare d'ailleurs, lorsqu'on cherche entre certains éléments mathématiques quelque relation constante, que l'on puisse immédiatement saisir ce rapport. On réunit alors certaines vérités déjà reconnues touchant les données que l'on compare, puis on les combine, en essayant de leur faire produire le résultat dont il s'agit. C'est donc encore une synthèse idéale qui fait les frais de l'opération.

Elle joue ici à peu près le même rôle que l'*hypothèse* dans les sciences expérimentales : seulement ce sont des *concepts*, et non des *faits* qu'elle doit grouper. La *synthèse*, devient ainsi, en mathématiques, un moyen de découverte, tandis que, dans les sciences expérimentales, elle n'est guère qu'un procédé de vérification.

Dans certains cas cependant, où la solution a pu être pressentie d'avance, l'*analyse* arrive souvent à mettre l'esprit sur la voie d'une démonstration directe du théorème. On ramène pour cela la proposition encore douteuse à une autre moins compliquée, celle-ci à une troisième plus simple, et ainsi de suite, jusqu'à ce que l'on tombe sur quelque vérité évidente par elle-même ou déjà établie. Cela fait, il ne reste plus qu'à renverser l'ordre suivi, à retourner la chaîne des propositions combinées, pour avoir la démonstration définitive, qui porte le nom de démonstration *par réduction*.

Ce procédé est surtout fécond dans la résolution des problèmes. Il consiste, en général, à déterminer certains éléments mathématiques, nommés *inconnues*, liés par une relation nécessaire à d'autres connus, qui représentent les *données*. Les inconnues et les données forment un système plus ou moins complexe : *figure, fonction, équation*. L'analyse ramène ce système à un ou plusieurs autres déjà résolus ou réductibles eux-mêmes à de plus simples. Le nom d'*analyse* donné à la méthode, s'explique, puisqu'on divise la question proposée en d'autres plus faciles : on opère réellement par décomposition.

Cette méthode a le privilège, propre aux mathématiques, de fournir non seulement une solution particulière du problème, mais de les épuiser toutes. Elle consiste, en effet, à rechercher toutes les conditions requises pour que les inconnues satisfassent aux relations indiquées dans l'énoncé, et si le résultat peut être atteint de diverses manières, aucune ne saurait échapper à un tel procédé d'investigation.

La synthèse mathématique ne présente pas les mêmes avantages que l'analyse, lorsqu'on la transporte de la construction de la science à la résolution des problèmes. Si elle est un mode d'exposition assez parfait, elle est un moyen de découverte très défectueux. Elle doit montrer que la question à résoudre est une conséquence d'une ou plusieurs vérités déjà établies, et si elle peut ainsi conduire à une solution particulière, elle ne saurait les indiquer toutes. L'analyse, au contraire, est la recherche de tous les points de départ possibles, de tous les principes qui, pris isolément ou combinés entre eux, résolvent la difficulté proposée.

Toutefois la synthèse joue en mathématiques, aussi bien que dans les sciences expérimentales, un rôle de vérification des plus importants. L'analyse suppose *a priori* que tel système complexe d'inconnues et de données est déterminable, en d'autres termes, que le problème dont il s'agit est *possible*. Or, il faut, pour que l'esprit soit pleinement satisfait, démontrer qu'il en est réellement ainsi. On ne le peut qu'en reconstituant la solution totale à l'aide de ses éléments. De plus, on a trouvé les valeurs des inconnues en utilisant les relations que l'énoncé indiquait entre elles et les données ; mais on s'est arrêté dans cette régression, dès que le système a paru entièrement déterminé. Il reste à prouver que le système ainsi déterminé satisfait à toutes les conditions posées, et non pas seulement à quelques-unes, dont on aurait pu se servir pour le résoudre, en négligeant les autres : c'est l'œuvre de la synthèse succédant à l'analyse, pour en justifier à la fois le point de départ et les résultats.

Les deux méthodes essentielles de l'esprit humain apparaissent donc dans les sciences déductives, aussi bien que dans les sciences inductives, comme nécessaires l'une à l'autre et se prêtant un mutuel appui. Toutes deux sont indispensables à la rigueur de la démonstration mathématique. D'un côté, en effet, l'analyse, réduite à elle-même, ne saurait établir la légitimité de l'hypothèse qui lui sert de point de départ; d'un autre côté, la synthèse pourrait bien à elle seule servir à exposer une solution particulière d'un problème donné, mais serait impuissante à les découvrir toutes : lacune considérable dans la seule étude où la connaissance humaine soit adéquate à son objet.

A côté de ces procédés généraux, il existe encore, pour atteindre la vérité mathématique, des méthodes dites *indirectes*. Une démonstration est *directe*, lorsqu'elle rattache par une déduction ininterrompue l'inconnu au connu, telle proposition non évidente à d'autres déjà démontrées. Elle est *indirecte*, au contraire, quand elle fait dépendre un théorème de certaines autres conceptions mathématiques, auxquelles il est lié nécessairement, bien que la nature du lien échappe à l'esprit.

La *réduction à l'absurde,* par exemple, consiste à établir l'impossibilité de la proposition contradictoire à celle qu'on veut démontrer. En vertu du principe logique que : de deux contradictoires, l'une est nécessairement vraie, l'autre nécessairement fausse, on arrive indirectement au résultat cherché. Réciproquement, on peut faire rejeter une proposition en prouvant la vérité de sa contradictoire. Cette méthode, très précieuse dans la démonstration des *réciproques,* a le défaut, déjà signalé par la *logique de Port Royal,* d'établir qu'une conclusion ne saurait être refusée, sans montrer pourquoi il en est ainsi et non autrement : elle contraint l'esprit, mais ne l'éclaire pas.

Il est un autre procédé indirect qui se rattache plus ou moins au précédent. Lorsque, dans certaines conditions déterminées, on a pu énumérer tous les cas possibles d'une question, si l'examen de chacun permet d'énoncer une propriété correspondante, qui ne soit jamais la même pour deux quelconques d'entre eux, on est en droit d'en conclure que les réciproques des divers cas considérés sont vraies. Par exemple, deux cercles peuvent occuper l'un par rapport à l'autre, cinq positions différentes : être *extérieurs, intérieurs, sécants, tangents intérieurement* ou *extérieurement*. On démontre que, dans le cas d'extériorité, « la distance des centres est plus grande que la somme des rayons, » et que jamais il n'en est ainsi dans les autres cas. La réciproque : « Lorsque la distance des centres est plus grande que la somme des rayons, les cercles sont extérieurs, » peut être admise sans autre démonstration ; car, s'ils occupaient toute autre position, le rapport énoncé n'aurait plus lieu.

Enfin, un dernier procédé dont les mathématiques ont fait l'usage le plus fécond, consiste à généraliser les propriétés démontrées dans un ou plusieurs cas déterminés : c'est là une sorte d'*induction* propre aux sciences exactes. Il n'est pas nécessaire, pour l'effectuer, de passer en revue toutes les hypothèses possibles ; il suffit, la plupart du temps, d'opérer de la manière suivante : on prouve, par exemple, qu'une propriété appartient à une suite de deux, de trois, puis de quatre éléments ; après quoi, on établit que si elle est démontrable pour une série donnée d'éléments, elle l'est encore pour la série obtenue en ajoutant un élément à la précédente. La démonstration acquiert ainsi un degré d'universalité, que les lois expérimentales les plus remarquables ne sauraient jamais atteindre. C'est ainsi qu'on peut étudier, en arithmétique, toutes les propriétés des nombres premiers, sans être obligé d'en donner la suite. Si l'on veut prouver, de la même manière, que la surface d'un cercle est plus grande que celle de toutes les autres figures d'un égal périmètre, on énumère ces figures, et les considérant tour à tour, on voit qu'elles ont une surface plus petite que celle du cercle de même périmètre. Descartes donne comme application philosophique de cette sorte d'*induction*, l'exemple suivant : « Si l'on veut démontrer, dit-il, que l'âme raisonnable n'est pas corporelle, on réunira tous les corps sous quelques catégories distinctes, et en les parcourant toutes, on verra que l'âme raisonnable ne peut se rapporter à aucune [1]. »

La méthode mathématique une fois étudiée dans ses procédés essentiels, il reste à déterminer dans quelle mesure elle pourrait être appliquée, *mutatis mutandis*, aux questions métaphysiques. Le caractère semi-objectif, semi-

---

[1] « Si vero eadem via ostendere velim *animam rationalem* non esse *corpoream*, sufficiet si omnia simul corpora aliquot collectionibus ita complectar, ut animam rationalem ad nullam ex his referri posse demonstrem. » *Regulæ ad directionem ingenii.* — (Reg. VII).

subjectif des sciences exactes, et leur indépendance relative à l'égard de l'expérience les ont fait considérer souvent comme l'introduction naturelle à la métaphysique. De plus, la possibilité de résoudre mathématiquement des problèmes jusque-là regardés comme réfractaires au calcul, cette extension presque illimitée des mathématiques à la mécanique, à l'astronomie, à la physique et à la chimie, devait inspirer aux philosophes l'ambition de traiter aussi *more geometrico* les questions de leur domaine. Ce fut la tentative engageante et hardie de l'école cartésienne. Quelle en est la légitimité ?

Tout d'abord, y a t-il lieu de construire sur le type des mathématiques la métaphysique de la nature, résumée dans le double problème de l'objectivité et de l'essence intime des choses extérieures ?

Si l'on se reporte à la définition et à la nature tout idéale des données propres aux mathématiques, il semble impossible que leur méthode puisse jamais révéler une réalité quelconque.

« Il n'y a rien du tout en elles, dit Descartes, qui nous assure de l'existence de leur objet ; car, par exemple, on voit bien que *supposant* un triangle il faut que ses trois angles soient égaux à deux droits, mais rien ne nous assure *qu'il y ait au monde aucun triangle* [1]. »

La méthode mathématique, on l'a vu, est éminemment *constructive*. Or, comme le fait remarquer Kant, on ne *construit pas l'existence*. Celle-ci est ou non donnée, mais elle ne peut pas plus résulter d'une synthèse déductive que d'une synthèse inductive.

La théorie de l'idéalité du temps et de l'espace, concepts essentiels des sciences exactes, loin de diminuer la valeur et la portée de leurs résultats, semblerait plutôt assurer à leurs recherches une liberté et un développement sans limites. Moins encore que les sciences physiques, les mathématiques impliquent la réalité distincte de l'univers. Qu'importe, en effet, que l'esprit trouve en lui-même, ou qu'il emprunte à l'expérience les concepts d'*unité*, de *temps*, d'*espace*, etc., éléments premiers des constructions mathématiques? S'il puise dans la conscience ces notions, il n'en peut rien conclure sur l'existence d'une nature extérieure. En admettant qu'il les tienne de l'expérience sensible, et que les données des sciences exactes ne soient que certaines propriétés,

---

[1] *Discours de la méthode*, IVe partie.

abstraites de la réalité concrète, leur *valeur objective* ne dépasse pas alors celle des phénomènes physiques. Or, on a vu précédemment que la méthode expérimentale était impuissante à résoudre la question métaphysique de l'extériorité du monde. Les sciences cosmologiques n'impliquent ni ne fournissent aucune solution de ce problème, et s'accommoderaient aussi bien de l'hypothèse idéaliste que de toute conception réaliste. Que les phénomènes étudiés par le physicien et le chimiste soient des modes ou des produits inconscients du moi, cela importe assez peu à la science positive, qui fait profession d'ignorer leur nature intime et leur substratum plus ou moins mystérieux, pour déterminer seulement leurs rapports constants et universels. Si, au contraire, les mathématiques, dans leur origine aussi bien que dans leur développement, dérivent tout entières de la pensée, à plus forte raison, leur méthode, exclusivement propre à combiner ou à dissocier des données purement idéales, est-elle incapable de nous révéler si l'univers est ou non réel. Dans leurs inventions les plus subtiles et les plus profondes, les sciences exactes n'atteignent pas le moindre atome de matière : parties du pur possible, elles y demeurent à tout jamais enfermées.

La méthode mathématique n'est pas moins impuissante, d'ailleurs, à nous révéler, soit l'existence d'un moi distinct de l'organisme, soit celle d'un absolu indépendant du monde, dans l'hypothèse de leur réalité. Les concepts mathématiques, fussent-ils de simples *formes* de la pensée, n'impliquent nullement que celle-ci appartienne à un sujet immatériel. Aucun procédé déductif, analytique ou synthétique, ne saurait non plus conduire l'esprit humain à un Dieu vivant et personnel, à supposer qu'un tel être existe. En effet, de deux choses l'une : ou bien l'absolu figure déjà avec sa réalité concrète dans les données premières du raisonnement, et le procédé discursif ne sert alors qu'à en éclaircir l'intuition plus ou moins confuse, sans en augmenter la valeur objective ; ou bien il n'est conçu que comme un absolu purement possible et tout hypothétique ; alors, on aura beau presser de mille manières l'idée primitive, on n'en fera rien jaillir de plus, au moyen de la démonstration, que ce que contiennent les prémisses L'existence de Dieu n'est pas une *inconnue,* qu'on puisse dégager et déterminer comme la valeur d'une équation mathématique.

Lorsqu'on attribue aux procédés des sciences

exactes une telle puissance, on se fonde généralement sur d'insuffisantes analogies. Le calcul, dit-on, arrive bien à établir la réalité d'une éclipse dans le passé, ou à annoncer la présence dans le ciel d'un astre resté inconnu pendant des siècles. Pourquoi la même méthode ne pourrait-elle démontrer l'existence soit du monde, soit du moi, soit même de l'absolu ?

Les problèmes, croyons-nous, sont loin d'être comparables. D'abord, les raisonnements du mathématicien appliqués aux sciences de la nature ne concluent qu'en matière *phénoménale : l'objectivité* à laquelle ils pourraient prétendre serait donc tout au plus celle qu'atteint la méthode expérimentale ; or, on a vu que celle-ci détermine uniquement les relations réelles des phénomènes, nullement l'essence des choses considérées en elles-mêmes. En second lieu, les procédés mathématiques n'interviennent, en pareil cas, que pour conférer aux hypothèses expérimentales la plus grande exactitude possible, mais la légitimité de de celles-ci est toujours subordonnée à la vérification ultérieure qui en pourra être faite. Tous les calculs de Newton relatifs à la loi de la gravitation universelle n'eussent été qu'une ingénieuse combinaison d'abstractions, sans les patientes observations de Képler, qui mettaient par avance des faits astronomiques et des mouvements réels sous les formules du mathématicien anglais. De même, la planète Neptune, démontrée *a priori* par Leverrier, n'eût été qu'une hypothèse cosmique, comparable à l'*antichthone* des Phythagoriciens, si le télescope n'eût découvert la planète annoncée à l'endroit précis du ciel qui lui avait été assigné. Si les mathématiques communiquent quelque chose de leur rigueur aux sciences de la nature, on peut dire qu'en revanche elles reçoivent d'elles la seule objectivité purement phénoménale qu'il leur soit donné d'atteindre.

Leurs procédés méthodiques seraient-ils plus propres à résoudre les questions d'*essence* que les problèmes d'*existence*? L'école cartésienne avait cru pouvoir leur attribuer une telle efficacité. La vraie définition de la matière pour Descartes est celle qu'en donne le géomètre : *res extensa*. Spinoza, de son côté, prétend traiter de la nature de l'âme, ni plus ni moins que « s'il était question de *lignes*, de *plans* et de *solides* ». A ceux qui seraient tentés de s'en étonner, il répond « qu'il n'y peut rien, et que cette méthode est la sienne, qu'elle s'applique à tout, même à Dieu, parce que la nature est partout une et identique [1]. » « J'ai *expliqué l'essence de Dieu* », dit-il avec fierté, en terminant son chapitre *de Deo* ; il entend qu'il en a développé, à la manière géométrique, la définition, principe de tout son système.

Ce nouvel usage de la méthode mathématique dans la solution des problèmes métaphysiques est-il plus légitime que le premier?

Pour que ses procédés fussent capables d'atteindre le fond des choses, ne faudrait-il pas d'abord prouver que tous les phénomènes physiques sont réductibles à leurs conditions mathématiques, les *qualités sensibles* étant de simples apparences, sous lesquelles se manifestent les modes infiniment variés de la *quantité*. Mais pourquoi le point de vue mathématique mériterait-il ainsi de l'emporter sur tous les autres, et serait-il, contre tout droit, érigé en vérité absolue? Jamais encore la diversité des choses et des phénomènes n'a pu être convertie exactement en formules abstraites. Si l'on veut se tenir dans les étroites limites de la science, la réduction complète du sensible à l'intelligible n'est pas plus fondée jusqu'ici que celle des concepts ma-

---

(1) *Éthique.* -- IIIe partie.

thématiques aux propriétés les plus générales de la matière. Ce sont de purs rapports de quantité qu'étudient les mathématiques ; et, même en ajoutant à la *grandeur*, objet propre de leurs recherches, la considération de l'*ordre*, il est loin d'être démontré que tout changement qualitatif résulte de la proportion, de l'arrangement ou de la figure des éléments combinés.

Mais il y a plus : la conception mécaniste, fût-elle, grâce à de nouvelles découvertes, devenue, de simple hypothèse, vérité scientifique incontestée, la méthode mathématique serait encore incapable de rendre compte des choses, telles qu'elles sont. Son explication de la réalité pécherait, en pareil cas, par excès, comme aujourd'hui, par défaut. Descartes dépasse à peine la mesure de la vérité, lorsqu'exposant son dessein de reconstruire l'univers par la seule puissance de la déduction, il déclare « laisser tout ce monde aux disputes des doctes, et vouloir parler seulement de ce qui arriverait dans un *nouveau* que Dieu créerait maintenant, d'après les seules lois du mouvement, dans les espaces imaginaires [1]... »

La méthode mathématique, quelques procédés

---

[1] *Discours de la méthode* (v⁰ partie).

qu'elle mette en œuvre, n'engendre que des *possibilités* et jamais de *réalités*. Or, le domaine du possible, comparé à celui du réel, est infini. A quoi donc serviraient les plus savantes combinaisons d'idées, si l'on n'avait aucun moyen de distinguer ce qui est en effet de ce qui aurait pu être? La science du nécessaire, quelques satisfactions qu'elle dût offrir à l'esprit, serait alors moins efficace que la simple connaissance du contingent, qui donne les moyens de construire l'expérience future d'après l'expérience passée. Au reste, Descartes lui-même, est le premier à avouer que l'observation est indispensable, « pour choisir, entre une infinité d'effets qui peuvent être *déduits* des mêmes causes, ceux qui ont été *réalisés* par la nature [1]... »

A supposer que les procédés mathématiques fussent capables de pénétrer l'essence des choses, ils auraient donc le très grave défaut de ne construire qu'un monde, ou plutôt une infinité de mondes purement *hypothétiques*. Ainsi, de toute manière, l'expérience serait requise pour sortir de l'indétermination où une telle méthode laisserait les choses. Mais un pareil excès n'est guère à

[1] *Principes*. Liv. III, art. 4. 111, 82.

redouter : si la chimie n'a pu encore reproduire tous les composés naturels, même après en avoir isolé les éléments constitutifs, combien est plus éloigné encore le jour, où une philosophie tout *a priori* de la nature parviendrait à reconstruire l'univers à l'aide de pures notions et de formules abstraites!

Ainsi, la méthode mathématique, appliquée à la cosmologie rationnelle, ne conduirait qu'au possible et à l'idéal. A-t-elle plus d'efficacité pour déterminer l'essence du moi? Est-il vrai, comme le soutient et l'enseigne Spinoza, que l'âme puisse être étudiée de la même manière que les objets de la géométrie?

Pas plus que l'univers physique, le monde intime, s'il a une essence distincte, ne saurait, croyons-nous, être deviné d'avance et construit *a priori*. Si déjà les êtres de la nature débordent, en quelque sorte, les cadres trop étroits des formules mathématiques, cela est bien plus vrai encore de l'être moral révélé dans la conscience. L'homme ne semble-t-il pas, selon le mot de Pascal, produit pour *l'infinité?* Et Leibnitz n'exprime-t-il pas une profonde vérité, lorsqu'il dit que toute âme tend « à développer ses replis, qui vont à l'infini [1]? » Les facultés du moi pa-

---

(1) *Monadologie*, § 61.

raissent orientées vers des objets inaccessibles à ses prises, au moins dans les limites de la vie présente : c'est pour l'intelligence, la vérité totale, pour la sensibilité, le bonheur parfait, pour la volonté, la justice et la sainteté absolues. Comment définir avec une réelle exactitude cet être toujours en mouvement vers le meilleur? Il n'existe ni une action individuelle, ni une institution sociale, au-delà desquelles l'esprit ne soit capable de concevoir un idéal supérieur, et, par suite, aucune mesure ne peut représenter l'effort illimité de l'âme et la puissance infinie de développement qu'elle possède. C'est ce qui rend fort douteux le succès des psycho-physiologistes, dans leur tentative pour exprimer mathématiquement les phénomènes intimes. Ces phénomènes, pensées, sentiments, volitions, qui ne peuvent être aperçus dans l'espace ni conçus sous forme de *mouvements*, répugnent par nature au calcul, et ne sauraient, comme les faits physiques, se plier à la rigidité des formules abstraites.

Mais, fût-on parvenu à définir et à évaluer rigoureusement la force psychique dans ses manifestations multiples, il ne s'ensuivrait pas que la science de l'âme pût se dédaire tout entière de quelque phénomène élémentaire et primitif. Les mêmes difficultés que présente l'explication *a priori* de l'univers physique reparaîtraient plus invincibles, s'il est possible, pour le monde moral. Une âme doit être encore moins facile à *construire* qu'une plante ou un animal, et on ne saurait l'engendrer par une synthèse de la pensée, comme un nombre en arithmétique ou une figure en géométrie.

Plus d'un psychologue, empiriste ou rationaliste, a cependant tenté, d'après Condillac, cette genèse idéale des facultés et des phénomènes du moi. Laromiguière voit dans cette œuvre la condition même de tout développement régulier de la métaphysique : « A-t-on essayé, demande-t-il, de se conduire dans l'étude de la métaphysique, comme on se conduit dans l'étude des mathématiques? Si la géométrie doit à sa méthode des progrès qui nous étonnent, pourquoi la métaphysique ne ferait-elle pas les mêmes progrès en adoptant la même méthode? Ou plutôt, puisqu'il est vrai que la géométrie est la mieux faite de toutes les sciences, il faut nécessairement qu'elle suive la meilleure de toutes les méthodes. Que la métaphysique l'imite : qu'elle emploie son artifice; bientôt elle partagera ses succès, et on ne lui contestera plus le nom de science [1]. »

Cet idéal, l'ingénieux psychologue se flatte de l'avoir réalisé, au moins partiellement, en ce qui concerne l'étude du moi :

« Me sera-t-il permis de dire, ajoute-t-il, que la méthode que nous avons suivie pour développer le système des facultés de l'âme, est aussi rigoureuse que celle qu'on a suivie pour développer le système de la numération, ou, pour mieux dire, qu'elle est *absolument la même?* D'un côté, on part de l'addition pour aller à la multiplication, à la formation des puissances ; de notre côté, nous partons de l'attention pour aller à la comparaison, au raisonnement : la parité est exacte. Il faut donc que nous ayons, pour définir les facultés de l'âme, la même facilité qu'ont les mathématiciens pour définir les opérations de l'arithmétique. Aussi, vous le voyez, la *liberté* se définit par la *préférence*; la préférence par le *désir;* le *raisonnement*, par la *comparaison;* la comparaison, par l'*attention* [2]... »

Quelque intéressant que soit cet effort pour modeler la psychologie sur les sciences physiques déjà parvenues à la forme déductive, on n'y sau-

---

(1) *Leçons de philosophie*, XIIe leçon, p. 325.
(2) *Ibid*, p. 326.

rait voir, croyons-nous, qu'un mode d'*exposition* possible des découvertes dues à la méthode inductive, mais non une véritable *construction* du moi, assimilable aux spéculations mathématiques. C'est encore, si l'on aime mieux, une *hypothèse* commode pour relier entre eux les faits intimes, à peu près comme les ondulations supposées de l'éther servent à expliquer mécaniquement les phénomènes physiques. Une telle méthode n'est évidemment praticable qu'après un assez complet développement de la psychologie expérimentale, et ne peut servir qu'à en exprimer sous une forme plus systématique les derniers résultats.

En résumé, si le moi est quelque chose de plus qu'un pur phénomène ou un simple rapport, s'il existe à titre de puissance réelle et distincte, sa libre spontanéité s'accommodera toujours mal de la sèche abstraction d'une formule. Son essence, de quelque manière qu'on la conçoive, n'est pas plus rigoureusement déterminable que celle de la matière : le monde de l'âme, mille fois plus complexe et varié que le monde des corps, ne se prêtera jamais à l'absolue précision des procédés mathématiques.

Si de la nature essentielle du moi on passe à celle de l'absolu, l'incompétence de la méthode des sciences exactes n'est pas moins manifeste. La prétention de *créer Dieu* au moyen d'une synthèse d'idées, comme s'il s'agissait d'une construction géométrique, a été reproduite de nos jours par la métaphysique allemande. Cette tentative, plus ou moins renouvelée du Spinozisme, en rappelle et en exagère encore les audaces. Il se peut, comme l'affirme Descartes, que la notion de l'absolu soit *claire*, mais ce n'est assurément pas une notion *distincte*, c'est-à-dire une idée qu'il soit possible d'analyser et de résoudre en ses éléments intégrants [1]. Que tirer, en effet, du concept vide de l'absolu, si, à quelque moment de la déduction, on ne fait appel à l'expérience ? Toute définition exclusivement rationnelle est condamnée à rester dans un vague très voisin de l'indétermination. Il faut se contenter de dire avec les Eléates : « *L'être est,* » simple tautologie, ou, avec Spinoza : « *L'absolu est l'être en soi, la substance constituée*

---

[1] « On peut *savoir* que Dieu est infini... encore que notre âme, étant finie, ne le puisse *comprendre* ni *concevoir* ; de même que nous pouvons bien toucher avec les mains une montagne, mais non pas l'embrasser comme nous ferions un arbre, ou quelque autre chose que ce soit, qui n'excédât point la grandeur de nos bras : car *comprendre*, c'est embrasser de la pensée, mais pour *savoir* une chose, il suffit de la toucher de la pensée. »
Descartes. (*Lettres.* — Edit. Cousin. T. VI, p. 307.)

par une infinité d'attributs infiniment modifiés. »

Pour peu que la pensée cherche à donner un contenu à cette formule creuse, il est clair qu'elle sort aussitôt du champ de la raison pure : « Lorsque Spinoza a essayé de construire *géométriquement* la science de Dieu, dit M. Janet, il y a introduit implicitement des éléments empruntés à l'expérience, par exemple, cet axiome : *L'homme pense*, et cet autre principe qu'il ne formule pas, mais qu'il suppose, à savoir, qu'il y a des corps, du mouvement, de l'étendue. En effet, sans ces deux postulats, comment saurait-il que Dieu a deux attributs : la *Pensée* et l'*Etendue ?* Quant aux autres attributs, Spinoza n'en peut deviner aucun, parce que l'*expérience* ne lui en donne aucun exemple [1]. »

A supposer même qu'on laissât dans son indétermination première la définition de l'absolu, comment, d'autre part, s'assurer de sa légitimité ? A cette conception *réaliste* du *panthéisme*, ne serait-il pas permis, par exemple, d'opposer la conception *idéaliste* du théisme ? « A ce Dieu, *substance universelle*, un Dieu, *suprême idéal*, qui concentre dans son indivisible unité toutes

---

[1] Janet. *Traité élémentaire de philosophie,* p. 510.

les perfections éparses dans l'immensité de l'univers, *infini* non en *extension*, mais en *compréhension*, et par cela même le plus déterminé des êtres, qui n'est pas le monde, mais le rend possible, qui n'habite ni dans le temps, ni dans l'espace, et qui peut cependant les remplir par l'épanchement indéfini de ses trésors [1]. »

Où sera alors le critérium pour choisir entre les diverses déterminations possibles de l'être premier ?

Assurément, si l'on part d'une certaine idée préconçue du principe des choses, celle d'un être parfait, je suppose, on est autorisé à en déduire certains modes qui découlent de son essence posée *a priori*. Ainsi, Dieu étant défini comme la souveraine perfection, il est possible de conclure *analytiquement* qu'il est *un, simple, immuable*, etc. La pluralité et la composition, peut-on dire, répugnent à une nature parfaite, et tout changement n'est concevable que comme un progrès ou une déchéance : ce qui est en contradiction avec l'hypothèse même. Mais la valeur d'une pareille déduction est évidemment subordonnée à celle de la définition première. Or, cette notion

---

[1] Lachelier — Art. sur l'*Idée de Dieu* de M. Caro. — (*Revue de l'Instruction publique* du 23 juin 1864).

de l'absolu ne saurait être obtenue à la manière des concepts mathématiques. Ces derniers, quelle que soit leur artificielle régularité, ont toujours dans l'expérience des modèles plus ou moins grossiers, que l'imagination a su simplifier et rectifier pour les besoins de la science. Tout autre, comme l'a solidement établi Kant, est la l'origine du concept de l'absolu, donné dans la raison d'une manière purement formelle, et indépendamment de toute *matière*. Si la méthode déductive convient au développement des intuitions de l'expérience ou des synthèses de l'imagination, elle ne saurait rendre féconde une *forme* rationnelle stérile et vide de tout contenu.

En résumé, les mathématiques, sciences de l'*idéal* et du *possible,* ne disposent d'aucun moyen propre à atteindre un premier principe *réel* des choses. Quelque indépendantes qu'elles paraissent être de la connaissance sensible, c'est en elle, en définitive, qu'elles trouvent et leur point de départ et leur vérification, au moins approchée. Or, il est clair que l'absolu ne peut, ni directement, ni indirectement dériver de l'expérience, toujours limitée et relative.

Il faut donc abandonner la conception cartésienne d'une métaphysique construite sur le type des sciences exactes. Les questions d'*existence* et d'*essence* échappent à toutes les analyses et à toutes les synthèses mathématiques. « Les mathématiques, observe fort justement Hamilton, ne s'occupent point des *choses*, elles ne roulent que sur des *notions*, et toute la science ne consiste que dans la séparation, la réunion et la comparaison de ces notions. La philosophie, au contraire, a principalement pour objet des *réalités* ; elle est la science de l'existence réelle, et non pas seulement de l'être abstrait... La vérité des mathématiques est l'accord de la pensée avec elle-même ; la vérité de la philosophie est l'accord de la pensée avec l'existence. De là, *l'absurdité de toute application de la méthode mathématique à la philosophie* [1]. »

Ainsi, les sciences *inductives* et les sciences *déductives*, enfermées, les unes dans le monde des *phénomènes*, les autres dans celui des *idées*, ne contiennent pas la méthode que nous cherchons, et leurs procédés, contrairement à l'opinion des philosophes du dix-septième et du dix-huitième siècle, ne sauraient être importés dans la métaphysique.

[1] Hamilton, *Fragments de philosophie*. Trad. L. Peisse, p. 309 et 311 (*De l'Étude des mathématiques*).

CHAPITRE IV

DE LA MÉTHODE SUBJECTIVE

Orientation nouvelle de l'esprit rendue possible grâce à cette méthode. — Objections du positivisme contre la valeur scientifique du *point de vue intérieur*. — Procédés communs à la méthode *objective* et à la méthode *subjective*. — La seconde dépasse en puissance la première, par la détermination des *qualités essentielles* du moi ; seule, elle peut aussi en assurer la *réalité* — Mais tous les autres problèmes métaphysiques échappent à sa compétence. — Le *dynamisme psychologique* est le fruit naturel et légitime de l'application de cette méthode, comme *l'idéalisme* en représente l'excès possible.

Aucune des méthodes de la science positive, on l'a vu, n'est propre à la détermination et encore moins à la découverte du sujet pensant, s'il existe. Analyser les phénomènes dits objectifs, combiner les abstractions mathématiques, c'est se détourner du *moi*, et s'éloigner de ce monde intime, que les sens et le raisonnement pur sont impuissants à nous révéler. L'idée d'un *moi* connu du dehors serait une évidente contradiction :

aucune observation physiologique, aucun chapitre de la mécanique cérébrale, si elle devenait une science, ne nous fournirait la moindre lumière sur ce qui se passe dans notre for intérieur : « cela est d'*un autre ordre* », comme dit Pascal ; et le rapport qui lie le moral au physique n'est pas tel que le premier puisse jamais se déduire analytiquement du second.

Il est donc nécessaire de recourir à une méthode différente, s'il y a dans l'homme autre chose à connaître que les fonctions de la vie animale. Cette autre méthode existe-t-elle? Y a-t-il, outre l'expérience externe, tout entière orientée vers l'objet, une expérience interne capable de pénétrer plus ou moins la nature du sujet? La réalité d'un tel mode de connaissance et surtout sa valeur scientifique ont été vivement contestées par les philosophes de l'école positiviste, et, en particulier, par son chef, A. Comte :

« Les philosophes, dit-il [1], ont imaginé de distinguer, avec une subtilité fort singulière, deux sortes d'observations d'égale importance, l'une *extérieure*, l'autre *intérieure*, et dont la dernière est uniquement destinée à l'étude des phéno-

---

(1) A. Comte. *Cours de philosophie positive*, 1re leçon, p. 120.

mênes intellectuels... Cette prétendue contemplation directe de l'esprit par lui-même est *une pure illusion.* »

Toute connaissance, en effet, requiert, au dire de l'auteur, l'existence simultanée de deux termes, le concours de deux facteurs indispensables : un *sujet* et un *objet*. Supposons qu'à un moment donné, le moi pût devenir pour lui-même un objet d'étude, une matière d'observation, il perdrait alors, *ipso facto*, le privilège d'être observateur, absolument comme l'acteur qui descendrait de la scène pour venir contempler de la salle son propre jeu.

Cette subtile objection semble méconnaître, de parti pris, le caractère conscient particulier à tous les actes du moi, qui possède la faculté de s'apercevoir, au moment même où il agit, et de revenir ensuite, grâce à la mémoire, sur les faits évanouis. Le psychologue, qui a d'abord saisi spontanément ce qui s'est passé en lui, peut ensuite réfléchir sur les mêmes phénomènes ; car ils ne disparaissent jamais entièrement de la scène intérieure où ils se sont une fois produits ; il les évoque du passé plus ou moins lointain où ils sont ensevelis, et, dans cette sorte de résurrection, il parvient à les reconstituer dans leurs moindres détails, comme il nous arrive souvent de comprendre le sens d'une phrase entendue, quelques instants seulement après qu'elle a frappé notre oreille.

A cette première difficulté élevée contre l'observation interne par le chef du positivisme, son plus illustre disciple, Littré [1], en a ajouté une seconde : c'est l'absence de tout moyen de contrôle impersonnel en matière psychologique. L'expérience de nos états intérieurs, fût-elle possible, elle n'aurait aucune valeur scientifique : les conceptions du psychologue sont, pour ainsi dire, livrées à elle-mêmes, et on ne saurait juger de leur vérité ou de leur fausseté par l'accord qu'elles présentent avec un objet qui n'existe pas, le sujet étant, dans cette prétendue science, réduit à se suffire à lui-même. En un mot, et comme le dit Littré, « l'expérience psychologique est *unilatérale* ». Or, il n'y a de réelle certitude que dans le cas où l'expérience est *bilatérale*, c'est-à-dire où les hypothèses et les théories de l'esprit peuvent être vérifiées par le cours même des choses, qui n'est pas nécessairement parallèle à la marche de la pensée.

[1] *La Philosophie positive*. Revue n° 1, juillet 1867.

Cette seconde objection semble ne tenir aucun compte de ce fait que le psychologue peut, comme le savant, sortir de lui-même ; et que, s'il ne saisit pas directement l'âme des autres hommes, il parvient, jusqu'à un certain point, à la pénétrer par l'induction et l'interprétation des signes extérieurs qui la manifestent.

Ne reconnaissons-nous pas nos idées, nos sentiments, nos mœurs dans les tableaux que nous présentent de l'humanité les historiens et même les romanciers? Si tout esprit qui réfléchit est en état d'apprécier la plus ou moins grande fidélité de telles peintures, pourquoi serait-il incapable de contrôler l'exactitude des analyses du psychologue?

On prétend encore que les vérités de cet ordre ne sauraient jamais s'imposer, comme celles des sciences physiques ou mathématiques, avec une certitude universelle ? « Que m'importe, dit M. Cournot, les découvertes qu'un philosophe a faites ou cru faire dans les profondeurs de sa conscience, si je ne lis pas la même chose dans la mienne, ou si j'y lis tout autre chose? Cela peut-il se comparer aux découvertes d'un astronome, d'un physicien, d'un naturaliste, qui me convie à voir ce qu'il a vu, à palper ce qu'il a palpé [1]? »

Mais les faits intimes, semble-t-il, ne sont pas moins accessibles à l'observation de tous les psychologues, que les faits naturels à celle du physicien ou du chimiste. Quand un phénomène moral a été analysé et expliqué d'une certaine façon, les autres philosophes ne sont-ils pas libres de l'étudier à leur tour et d'en juger la théorie? La vérification est assurément possible pour les juges compétents; elle l'est dès lors, d'une manière universelle, pour tous ceux qui voudront le devenir. Ce critérium, quelle qu'en soit la délicatesse, ne le cède pas en certitude à la confirmation expérimentale d'une loi scientifique. Si la nature humaine, (ce qu'on accorde généralement), est identique en essence chez tous les hommes, l'objet observé étant le même, les observateurs, pour peu qu'ils possèdent la capacité requise, ne sauraient manquer tôt ou tard de s'entendre.

« Une vérité de fait intérieur, dit Jouffroy, peut être constatée d'une manière tout aussi certaine et tout aussi authentique qu'une vérité de fait sensible. Le fait observé par un philosophe peut être désigné d'une manière précise à tous les

---

[1] Cournot. *Essai sur les fondements des connaissances humaines.* — T. II, Chap. 23, § 371 et 372.

autres ; ceux-ci peuvent donc vérifier son observation sur la réalité même ; s'ils la trouvent exacte, les voilà d'accord ; s'ils ne la trouvent point exacte, ils peuvent indiquer à leur tour les circonstances du phénomène qui leur semblent omises ou altérées : et, comme le fait est le même dans la conscience de tous, il est impossible qu'ils ne finissent point par s'entendre. Dès lors, il est évident que la notion de ce fait a la même certitude scientifique que la notion du fait sensible le mieux constaté [1]. »

Existe-t-il, à vrai dire, quelque conviction plus énergique et plus profonde que celle qui émane du sens intime ? Contester à un homme qu'il éprouve telle douleur, qu'il a telle pensée ou telle volonté, au moment même où sa conscience lui atteste la réalité de ces phénomènes, serait le comble de l'absurde. Il y a, au fond de toute âme, une sorte de psychologie innée, dont les procédés d'*analyse*, d'*induction* et de *classification* peuvent faire une science comparable dans ses résultats à l'histoire naturelle. Ne serait-ce pas déjà une importante acquisition pour la connaissance humaine, si l'on arrivait jamais à tracer un tableau des

---

[1] Jouffroy. *Esquisses de philosophie morale de Dugald Stewart.* Préface, p. 39.

faits de conscience, assez exact pour s'imposer avec certitude à toute pensée, et se faire admettre de tout esprit? Cette conception de la psychologie, qui a été celle de l'école Ecossaise, implique, il est vrai, contrairement à l'opinion des positivistes, la possibilité pour le moi de s'apercevoir lui-même dans ses manifestations intimes.

Une objection d'un autre genre a été faite encore contre le caractère scientifique d'une psychologie subjective. Dans les sciences, a-t-on dit, le progrès est attesté par de grandes découvertes, dues soit à une analyse de plus en plus approfondie de la réalité, soit à une généralisation plus puissante des abstractions mathématiques. En psychologie, rien de pareil : les faits y sont dépourvus de toute nouveauté, et il n'y a guère de *terra incognita* dans le monde de l'âme. Ce que la réflexion peut faire de mieux, en telle matière, c'est de préciser les idées fournies par le sens commun. N'est-ce pas comme si l'on prétendait créer toute la science physique en développant les connaissances vulgaires sur le son, la lumière ou la chaleur?

« Réduite à l'observation directe, dit M. Taine, la psychologie ne peut pas découvrir de vérités importantes et nouvelles. L'attention la plus assi-

due n'y fait que préciser les notions vulgaires...
Si la psychologie est une science, son objet est
de découvrir des *faits inconnus*, inaccessibles à
l'observation directe, et, si on la dédaigne, c'est
qu'elle n'en découvre pas [1]. »

On pourrait tout d'abord répondre à cette
objection que la psychologie subjective elle-
même n'est pas si pauvre qu'on veut bien le
dire de ces vérités neuves et de ces faits sin-
guliers. Il suffirait, pour s'en convaincre, de jeter
un regard sur les merveilleux progrès de l'idéologie, depuis Locke jusqu'à Destutt de Tracy et
Laromiguière, sur l'étude des signes et du langage entièrement renouvelée par l'école de Condillac ; de rappeler la profonde analyse de la
volonté due à Maine de Biran, enfin, de nos
jours, les récentes découvertes de la pathologie
mentale, de la psychologie de l'inconscient,
etc. Le livre de l'*Intelligence* lui-même, tout
rempli d'observations inédites sur les sens, la
conscience, la raison, et sur les anomalies possibles de ces facultés, n'est-il pas un remarquable
exemple du progrès scientifique que comporte la
psychologie ?

---

(1) Taine. *Les philosophes classiques du XIXᵉ siècle*, p. 341.

Pourquoi, d'ailleurs, la simplicité des vérités morales en diminuerait-elle l'importance? Est-il une proposition plus familière à tous les esprits que le : « Je pense, donc je suis » de Descartes? Cela n'empêche pas ce principe d'être la base solide d'une profonde métaphysique. La philosophie ne peut-elle donc partager avec les mathématiques le privilège de tirer toute une science admirable, de notions très communes, de principes, qui paraissent, suivant une expression de Pascal, *grossiers* à force d'évidence? « L'esprit humain, disait Leibnitz, possède bien des choses *sans le savoir* [1]. » Or, quelque simple que semble, une fois découverte, la vérité psychologique innée à toute conscience, ne serait-ce rien d'avoir réussi à la mettre au jour, et à l'exprimer avec la netteté et la précision dont elle est susceptible?

On se tromperait, d'ailleurs, si l'on pensait que la psychologie n'ait pas, comme la science, à rectifier beaucoup d'erreurs, à dissiper bien des illusions du sens intime. « Dans l'état actuel, dit Stuart Mill, nous ne pouvons distinguer ce qui vient de la conscience de ce qui y est ajouté.

---

[1] *Œuvres philosophiques*. Ed. Erdmann, p. 211.

Qu'est-ce au juste que nos yeux nous font percevoir ? Rien de plus simple, semble-t-il, que de répondre à cette question. Erreur ! Rien de plus difficile. Par exemple, l'œil nous donne-t-il la notion de la profondeur ? Le vulgaire l'affirme ; l'unanimité des physiologistes et des psychologues le nie. De même, à peine la conscience a-t-elle parlé, que son témoignage est enseveli sous une montagne de *notions acquises*. Comment écarter tous ces éléments étrangers ? Le témoignage de la conscience est un oracle sans doute, et le plus sûr de tous, le malheur est qu'une foule de voix étrangères se mêlent à celle de la conscience. Comment faire le discernement ? C'est une œuvre délicate ; c'est l'œuvre principale du phychologue... Tant que ce travail ne sera pas fait, ce n'est qu'avec la plus extrême réserve et les plus grandes précautions qu'on pourra faire appel au témoignage de la conscience [1]. »

Dégager de ce que Montaigne appelle notre nature « artialisée », le fond primitif qui en constitue l'essence, est une tâche au moins aussi considérable que celle du chimiste cherchant à résoudre en leurs éléments simples les composés

---

[1] *Examen de la Philosophie d'Hamilton.*

naturels. Pour y parvenir, l'âme humaine devra être étudiée, non seulement dans ses manifestations actuelles, mais encore dans tous les siècles et sous toutes les latitudes, dans ses états les plus rudimentaires et les plus grossiers, chez les représentants de l'humanité primitive ou de l'humanité déchue. La psychologie peut ainsi, de *descriptive*, devenir *explicative*, et arriver à découvrir des *lois* dans le monde moral.

On objectera peut-être que ces sortes de lois ne sauraient jamais atteindre à l'exactitude des lois physiques, leur objet n'étant pas mesurable mathématiquement, malgré la prétention jusqu'ici insuffisamment justifiée des psycho-physiologistes. Mais, quand même le psychologue se bornerait à énoncer certains rapports constants et invariables entre les faits intimes, sans jamais arriver à les exprimer sous forme numérique ou algébrique, ne serait-ce pas déjà un résultat digne de son ambition et de ses efforts? Combien de lois biologiques et même physiques se trouvent, à l'heure qu'il est, dans le même cas! S'ensuit-il qu'elles n'aient aucune valeur? La transformation mathématique des diverses sciences du concret sera de longtemps encore un idéal inaccessible. S'il en est ainsi jusque dans l'étude de la nature physique, peut-être convient-il de ne pas trop dédaigner les résultats dus à la seule expérience, lorsqu'il s'agit du monde de l'âme.

La psychologie subjective, ne pût-elle prétendre à une plus grande exactitude que celle que présente actuellement la biologie, serait encore une œuvre sérieuse et digne d'attention.

Mais, tout en continuant à prendre pour modèles les sciences de la nature, elle semble comporter au moins un progrès de plus. Ce progrès consisterait dans la recherche, à laquelle se livrent en commun la physique et la chimie, de quelque principe ou phénomène primitif, qui, par ses transformations multiples, produirait toute la variété de la vie psychologique : c'est ce que Maine de Biran appelait *élémenter* la science de l'âme. A la vérité, les psychologues qui ont tenté cette entreprise ne sont guère tombés d'accord sur le fait initial qui jouerait par rapport aux autres le rôle de substratum, comme le mouvement à l'égard des divers phénomènes physiques. Les cartésiens et Leibnitz l'ont vu dans la *pensée*, Maine de Biran, dans l'*effort*, Condillac et les empiristes dans la *sensation* plus ou moins modifiée. Mais la physique elle-même n'offrait-elle pas, tout récemment encore, le spectacle de la lutte entre deux théories rivales : l'hypothèse de l'*émission* et celle des *ondulations* ? Quelles que soient les divergences provisoires de doctrine, la conception d'une psychologie *à priori*, partant d'un élément unique pour reconstituer graduellement le moi tout entier, est au moins possible ; peut-être n'est-elle pas moins légitime que celle d'une physique mathématique, capable un jour de reconstruire le monde avec de la matière et du mouvement. Mais, de part et d'autre, il aura fallu débuter par l'observation ; car ce fait ultime, ce germe confus, renfermant en puissance tout le développement de la vie psychologique, ne saurait, s'il existe, être obtenu qu'au moyen d'une analyse expérimentale Pourtant, ce principe, une fois découvert, rien n'empêcherait de montrer par quelle loi secrète et par quelles évolutions successives il produit l'âme tout entière. C'est sans doute la seule manière dont la méthode déductive soit applicable à la psychologie : à condition qu'elle puisse reproduire dans une synthèse idéale les diverses phases de la vie du moi, étudié tout d'abord expérimentalement.

Tels sont les premiers procédés que la psychologie paraît devoir tôt ou tard dérober à la science. Jusqu'ici, à part la synthèse hypothétique dont il vient d'être parlé, l'unique méthode pour arriver à la connaissance de l'âme, a été la simple *observation*. Or, l'insuffisance reconnue d'un tel instrument de recherche dans l'étude de la nature, n'est pas pour augmenter l'autorité scientifique de la psychologie, si elle n'en a pas de plus puissant à sa disposition. C'est l'*expérimentation*, on le sait, qui permet au savant de découvrir les rapports constants ou les *lois* des phénomènes ; c'est elle seule, qui, dans la multitude des antécédents d'un fait, parvient à en isoler les conditions véritables ; elle est le nerf et le ressort principal de la science positive. Or, dans le monde moral, les antécédents et les conséquents sont encore plus enchevêtrés, s'il est possible, que dans le monde physique. Comment, par le simple regard de la conscience, démêler cet écheveau si compliqué d'idées, de désirs, d'habitudes, dont l'entrecroisement forme la trame variée de la vie psychologique ? Que d'actions et de réactions il faudrait noter des faits les uns sur les autres ! Et, dans chacun d'eux, par exemple, dans le phénomène en apparence irréductible de l'amour, que d'impressions multiples et d'émotions plus simples il est possible de découvrir ! Il suffit, pour s'en convaincre, de lire la savante décomposition qu'a faite de ce sentiment M. Herbert Spencer [1].

On ne voit pas comment le philosophe pourrait, sans le secours de l'expérimentation, isoler les parties pour ainsi dire agglutinées de l'organisme mental. Mais cette reproduction du complexe au moyen des éléments qui le constituent, est-elle possible, autant qu'elle serait désirable, en psychologie?

Les phénomènes spirituels, semble-t-il, ne sont guère maniables, à la façon des substances que le chimiste analyse au fond de son creuset. On ne saurait se les procurer à volonté, comme le physicien reproduit artificiellement dans son laboratoire la chaleur, la lumière ou l'électricité; il n'est pas facile de créer en soi, pour les observer, telle pensée ou tel sentiment. L'effort même pour provoquer le fait intérieur, en entraîne ordinairement la suppression. Et, d'autre part, quand l'âme est en proie à une passion, elle ne possède pas le sang-froid nécessaire pour en surprendre les diverses phases et en étudier les crises violentes.

Si l'*expérimentation psychologique* est difficile, elle n'est pourtant pas absolument impraticable.

---

(1) Voir *Appendice*, I.

On peut, (c'est un fait d'expérience journalière), agir indirectement sur les volontés, sur les pensées et les sentiments des hommes, soit à l'aide de la parole, soit par tout autre moyen, par l'influence du milieu, par quelque piège adroitement tendu, etc. Le métier de courtisan, par exemple, suppose une grande habileté en cet art difficile ; et, dans un autre ordre d'idées, la méthode de Socrate avait pour principal objet de faire naître chez ses disciples les conceptions et les raisonnements qu'il jugeait utiles à leur conversion.

On parvient encore, en agissant sur un organisme très excitable, à produire dans l'âme, par contre-coup et presque à volonté, certains effets prévus d'avance. Telles sont les curieuses expériences de Fechner et de Lotze, les suggestions auxquelles on soumet les somnambules ou les sujets hypnotisés artificiellement, etc. Ce sont là de très précieux documents psychologiques. Mais l'étude de beaucoup la plus féconde est celle des anomalies et des déviations accidentelles de la vie mentale. N'est-il pas possible de regarder les maladies de l'esprit, aussi bien que celles du corps, comme autant d'*expériences*, qui, au lieu d'être provoquées par la main de l'opérateur, sont réalisées par la nature elle-même ? Tous les phénomènes morbides de l'âme, troubles de la raison, dédoublement de la personnalité, affections de la mémoire ou de la volonté, offrent pour le philosophe une matière aussi riche et intéressante que les plus savantes vivisections pour le physiologiste. Ces recherches de date récente arriveront peut-être à constituer une *pathologie* et une *tératologie* mentales, dignes de figurer à côté de la science des monstres, créée par Geoffroy Saint-Hilaire. C'est un principe aujourd'hui incontesté de la méthode positive, que l'étude de l'anomalie est presque toujours nécessaire pour déterminer la loi de l'état normal : il faut mettre en pièces la montre, pour en surprendre le mécanisme caché. De même, on arrive à mieux connaître le jeu d'une faculté, en examinant ce qui se produit dans les cas où elle manque, comme chez l'animal, dans ceux où elle se dérange, comme chez le fou ou l'halluciné. On doit avouer cependant que cette expérimentation est d'une nature spéciale, et M. Spencer observe avec justesse que « C'est seulement quand un état de conscience est déjà passé, qu'il peut devenir l'objet de la pensée et jamais pendant qu'il passe [1] ».

---

(1) H. Spencer. *Essais de psychologie*, p. 58.

En résumé, les diverses stades de développement scientifique que la psychologie paraît appelée à parcourir, seraient les suivants : 1º l'*observation* et la *description* des faits intimes ; 2º leur interprétation par la découverte des *rapports* constants qu'ils présentent ; 3º après la recherche de l'unité de *loi,* celle de l'unité d'*élément ;* 4º enfin, l'analyse *réelle* des phénomènes de l'âme, rendue possible, dans une certaine mesure, par l'*expérimentation* psychologique.

Maintenant, cette connaissance de l'âme, modelée, à l'introduction près des mathématiques, sur le type des sciences de la nature, est-elle la seule accessible au philosophe, et la psychologie est-elle condamnée à ne jamais dépasser cette synthèse empirique que permettrait la découverte d'une loi unique ou d'un élément primitif ? Après une première étude du moi, envisagé dans ses qualités *secondes,* ne peut-il en exister une autre qui porterait sur ses qualités *essentielles* et *primordiales ?*

Cette recherche supérieure, qui porte le nom de *psychologie rationnelle,* ne semble pas aussi chimérique qu'on le prétend ; car le sujet existe *pour soi* et se connaît *du dedans.* Il en est tout autrement des *propriétés premières* des choses matérielles, connues seulement *du dehors*, par les effets variés qu'elles produisent sur le moi ; aussi, avons-nous vu que la question de l'essence de la matière dépasse les limites de la science objective.

L'importance de cette seconde psychologie au point de vue des destinées de la métaphysique, n'a pas échappé à la sagacité du génie de Kant. Il reconnaît expressément que de sa légitimité dépend le sort même de la science de l'être :

« Un dangereux écueil pour notre critique entière, ou plutôt *le seul à redouter pour elle,* ce serait la possibilité de démontrer que *Tout être pensant est une substance simple*. Car, de cette manière, nous aurions fait un pas hors du monde des sens, nous serions entrés dans le champ des *noumènes*, et désormais personne ne nous contesterait le droit d'y faire de nouveaux progrès, de nous y établir et d'y acquérir des possessions.

« Car la proposition : tout être pensant est un être simple, est une proposition synthétique *a priori;* d'abord, parce qu'elle dépasse le concept qui en est le premier élément, et attribue à la pensée en général un mode spécial d'existence ; ensuite, parce qu'elle unit à ce concept un prédicat (la simplicité), qui ne peut être donné dans aucune expérience. Voilà donc des principes synthétiques *a priori*, qui se rapportent, non plus exclusivement, comme nous l'avons soutenu, aux objets de l'expérience, et en effet réalisables et admissibles, comme principes de la possibilité de l'expérience, mais qui peuvent atteindre aux choses mêmes, jusqu'à leur essence : *conséquence qui mettrait à néant cette critique entière, et nous ramènerait forcément à la vieille métaphysique* [1]. »

S'il en est ainsi, il convient, avant d'aller plus loin, d'apprécier à sa juste valeur cette science nouvelle du moi, qui, dépassant la première sans la détruire, donnerait accès, de l'aveu même de Kant, vers la métaphysique.

Il y a tout d'abord à faire une première observation. Si la *théorie phénoméniste* est à la rigueur suffisante pour l'explication du monde matériel, impénétrable en essence, elle paraît en défaut, dès qu'il s'agit du sujet pensant, donné dans de tout autres conditions, connu *du dedans* et non *du dehors*. Il a été établi déjà qu'aucune méthode purement objective n'a la vertu de déterminer ni l'existence, ni la nature intime des choses. La question est de savoir si la psychologie

---

[1] Kant. *Critique de la raison pure*. — Dialectique transcendentale. (Liv. II. Chap. 1er).

peut, comme la science, s'accommoder de toute métaphysique, quelle qu'elle soit? Il est un système, au moins, avec lequel elle ne saurait à aucun prix pactiser, c'est le matérialisme. Si la matière est tout et si tout est matière, le moi n'est plus rien, puisque, n'existant que par contraste avec la substance corporelle, il doit avoir pour premier attribut l'*immatérialité*. Il en est de même du *phénoménisme*. L'univers, tel qu'il se révèle aux sens, n'est qu'une collection de propriétés et de faits, dont le principe réel pourrait être, à la rigueur, ou le *moi* lui-même, ou l'*absolu*. Or, une telle doctrine, transportée à la psychologie, serait en contradiction expresse avec tout ce que nous savons de nous-mêmes par la conscience.

Le moi, en effet, s'il ne renonce au *point de vue intérieur*, dont la légitimité pour le moment n'est pas mise en question, ne saurait se considérer comme le *mode* ou le *phénomène* d'une réalité étrangère. A ses propres yeux, il est un *être*. S'il n'est pas *Substance*, dans l'acception absolue que Spinoza prête à ce mot, c'est-à-dire s'il n'existe point *par* soi, il est tout au moins *pour* soi. Ce caractère suffit à créer une différence profonde entre la science de l'univers et celle du monde intime.

Les faits psychologiques sont rapportés par le moi à sa propre activité. On peut admettre, sans doute, que telle sensation agréable ou pénible est *provoquée* par une vibration mécanique ; mais on ne saurait prétendre que celle-ci se soit *elle-même transformée* en plaisir ou en peine : entre la vibration et la sensation qui la suit, il n'y a rien de commun, au moins au regard de la conscience. Que la chaleur se convertisse en mouvement, et *vice versa*, on le conçoit à la rigueur ; car la chaleur, d'après la notion qu'en fournit la science, n'est *objectivement* qu'un mouvement vibratoire. Cette explication toute mécaniste va du même au même. Rien de tel dans le passage prétendu de la vibration à la sensation ; il y a entre les deux faits, comme dirait Kant, un rapport synthétique, mais non analytique, dénotant une commune origine : le phénomène conscient est quelque chose de nouveau, dont les éléments ne se retrouvent pas dans le mouvement extérieur. La science positive n'a donc pas le droit d'identifier la vie intime avec la vie physiologique, et, suivant un mot célèbre⁽¹⁾, de ne voir « dans le *moral* que le *physique retourné*. » En opérant cette réduction forcée, elle s'érige arbitrairement en métaphysique, et abandonne ainsi le solide terrain de l'expérience. Au lieu de s'arrêter prudemment devant l'irréductible, elle se place, comme la *Philosophie de l'Identité*, au sein de l'absolu, où les contradictoires, paraît-il, se pénètrent et se réconcilient; mais alors elle ne mérite plus nom de science.

Si, au contraire, elle se tient dans ses bornes légitimes, elle n'arrive par aucun moyen à dériver des forces physiques l'activité du moi. Cette activité a, en effet, pour résultat de faire succéder à des phénomènes purement mécaniques des sensations d'espèce différente. C'est ce qu'établissent d'une manière décisive les remarquables expériences de J. Müller. Elles montrent qu'un même agent physique, l'électricité, par exemple, détermine des saveurs en excitant le nerf lingual, des odeurs en modifiant le nerf olfactif, des sons, en agissant sur le nerf acoustique, des lueurs fulgurantes, en affectant le nerf optique, enfin, dans les organes du toucher, des

---
(1) Le mot est de Cabanis.

percussions, des picotements et autres sensations
tactiles. Ainsi, lorsqu'on irrite une région déterminée du système nerveux, le phénomène conscient qui en résulte : sensation visuelle, acoustique, olfactive, etc., dépend, non du genre
d'irritation produite, mais uniquement du sens
correspondant à l'organe impressionné. Comment
donc expliquer que le mouvement apparaisse,
tantôt sous forme de chaleur, tantôt comme couleur, ou comme son, s'il n'existait dans le moi
une puissance capable de réagir contre l'excitation extérieure et d'y mêler ses propres effets ?
Ce ne sont, à vrai dire, ni les nerfs, ni même
les centres nerveux, c'est le moi qui recueille
pour les *percevoir* les mouvements du dehors, et
c'est lui qui, par son intime énergie, engendre
des sensations *distinctes,* à la suite d'impressions
dues à un agent *unique.*

« Le passage de l'action physique du cerveau
aux faits de conscience correspondants, dit
Tyndall, est inexplicable. Nous reconnaissons
qu'une pensée définie et une action moléculaire
définie du cerveau se produisent simultanément ; nous ne possédons pas l'organe intellectuel, ni même apparemment un rudiment de
l'organe qu'il nous faudrait pour passer de la

première à la seconde par le raisonnement. Ces phénomènes se manifestent ensemble, mais nous ne savons pas pourquoi. Quand même notre esprit et nos sens acquerraient assez de développement, de lumière et de force pour nous permettre de sentir et de voir les molécules mêmes du cerveau ; quand même nous serions capables d'en suivre tous les mouvements, les combinaisons et les décharges électriques, s'il y en a ; quand même nous aurions la connaissance intime des états correspondants de la pensée et du sentiment, nous serions aussi loin que jamais de la solution de ce problème : comment des actions physiques sont-elles liées à des faits de conscience? L'abîme qui sépare ces deux classes de phénomènes sera toujours infranchissable pour l'intelligence [1]. »

« Supposez la physiologie adulte, dit M. Taine, commentant ce passage du physicien anglais, et la théorie des mouvements cellulaires aussi avancée que la physique des ondulations éthérées ; supposez que l'on connaisse la formule mécanique représentant la masse, la vitesse et la

---

[1] Tyndall. Extrait d'une leçon sur les *Forces physiques et la pensée*, faite à l'Association Britannique pour l'avancement des sciences (session de Norwich). — *Revue des cours scientifiques*, (1868-1869), n° 1.)

position de tous les éléments des fibres et des cellules, à un moment quelconque de leur mouvement : nous n'aurons encore que du *mouvement;* et un mouvement, quel qu'il soit, rotatoire, ondulatoire, ou tout autre, ne ressemble en rien à la *sensation* de l'amer, du jaune, du froid ou de la douleur. Nous ne pouvons convertir aucune des deux conceptions en l'autre, et partant, les deux événements semblent être de qualité absolument différente, de sorte que l'analyse au lieu de combler l'intervalle qui les sépare, semble l'élargir à l'infini [1]. »

En résumé, la théorie mécaniste de la transmutation des phénomènes physiques les uns dans les autres, bien qu'elle n'existe encore dans la science qu'à titre d'hypothèse, n'a cependant rien de contradictoire. Au contraire, la doctrine qui prétend expliquer par les seules propriétés de l'organisme les facultés mentales, est inintelligible dans l'état actuel de notre connaissance. On peut même dire qu'elle est en soi incompréhensible; car jamais le *mouvement* et la *pensée* ne sauraient se substituer l'un à l'autre comme équivalents dans le sens intime : la forme

---

[1] H. Taine. *De l'Intelligence.* T. I*er*, p. 323. Paris 1878.

de l'*espace*, nécessaire à la définition exacte du mouvement, répugne à celle de la pensée.

Une activité appartenant en propre au moi paraît donc être le postulat indispensable de toute psychologie. En d'autres termes, le *dynamisme* est le fruit légitime de la méthode *subjective*, admise dans toute sa portée, comme le *mécanisme* est le résultat naturel de la méthode *objective*, réduite à ses justes limites.

Le psychologue a sans doute le droit d'arrêter où il veut son étude, comme le naturaliste peut borner ses recherches à une classe déterminée d'êtres vivants, les insectes, par exemple. Le côté phénoménal de l'âme se révélant à la réflexion, aussi bien que ses attributs essentiels, rien n'empêche l'esprit de s'en tenir à cet élément multiple et divers, sans chercher à pénétrer dans ce que Schopenhauer appelle « le sombre intérieur de l'être. » La question est de savoir si l'on ne se condamne pas ainsi par avance à d'inévitables lacunes dans l'explication du sujet pensant? Il est telles facultés primordiales, comme la *conscience* et la *mémoire*, dont l'école empirique, de son propre aveu, n'a jamais réussi à rendre compte. « Si nous parlons de l'esprit comme d'une série de sentiments, dit Stuart Mill, nous sommes le moi était purement passif. Kant a fortement établi, contre l'empirisme, cette vérité philosophique. Peut-être même l'a-t-il exagérée, en affirmant que c'est le *sujet* seul, qui met, en vertu de ses lois propres, une unité de plus en plus savante dans les phénomènes, d'abord à l'aide des *formes* de la sensibilité, et ensuite au moyen des *catégories* de l'entendement. L'intelligibilité des choses, dans cette hypothèse, dériverait donc uniquement de l'action de l'intelligence : si cependant la nature se trouvait être réfractaire à tout ordre venant de la pensée, celle-ci aurait sans doute quelque peine à lui imposer des lois. Il est juste néanmoins de reconnaître que, sans l'initiative de l'esprit, qui interprète les faits, symboles muets et obscurs par eux-mêmes, aucune découverte ne serait possible. On sait avec quelle merveilleuse pénétration, Claude Bernard, dans son *Introduction à la médecine expérimentale*, a fait cette psychologie de l'invention scientifique.

L'erreur fondamentale de l'école Condillacienne est d'imaginer que le moi soit explicable par une sorte de *mécanisme interne*, en vertu duquel naîtraient successivement de la sensation : *attention, comparaison, jugement, mémoire, raisonnement, volonté*, les opérations les plus humbles et les plus élevées de l'âme. Le principe même de cette synthèse artificielle, l'identité primitive de la *sensation* et de l'*idée,* est insoutenable. La sensation, en effet, doit, avant toute transformation ultérieure, être d'abord *objet* de connaissance. Mais elle ne peut le devenir que pour un *sujet*, qui s'oppose à elle, au moment même où il la connait. La pensée n'est donc pas la sensation, puisque, s'appliquant à ce premier état du moi, elle est capable de l'interpréter, de le rattacher à sa cause, et, jusqu'à un certain point, de s'en affranchir. « La pensée, dit M. Lachelier, est, si l'on veut, un fait, mais ce n'est pas un fait empirique et donné, puisqu'elle consiste précisément à affirmer la valeur objective des données de l'expérience [1]. »

L'esprit n'a-t-il pas conscience d'ailleurs de sa capacité indéfinie de développement? Non seulement il possède, à un instant donné, telles pensées, telles qualités, mais il se sent l'aptitude d'en acquérir de nouvelles et de se diriger par un persévérant effort vers les fins qu'il s'est lui-même posées d'avance. « La production des idées, va jusqu'à dire M. Lachelier, est libre, dans

---

[1] *Psychologie et métaphysique.* — (Revue philosophique. Mai 1885, p. 510).

le sens le plus rigoureux du mot, puisque chaque idée est, en elle-même, absolument indépendante de celle qui la précède, et *naît de rien comme un monde* [1]. »

Plus évidemment encore que les phénomènes de l'intelligence, les résolutions de la volonté attestent l'activité essentielle du moi. N'est-il pas capable, en effet, de se déterminer suivant des raisons diverses, soit qu'il subisse les séductions du plaisir ou les entraînements de la passion, soit qu'il résiste aux plus impérieux penchants de la nature, pour faire virilement son devoir. Cette spontanéité apparaît plus fortement encore empreinte dans l'homme, lorsque de ses actes particuliers on passe à l'ordonnance générale de sa vie. Dans le premier cas, il peut sembler parfois obéir au hasard ; dans le second, il se trace un plan uniforme de conduite et se confère à lui-même la loi de son développement.

Si la réflexion parvient à saisir la puissance innée de l'âme dans les effets qui la manifestent, une différence essentielle sépare la psychologie ainsi entendue des sciences positives. Tandis que celles-ci, ne connaissant aucune *cause* vé-

[1] *Du fondement de l'induction,* p. 109.

ritable, sont condamnées à ne jamais dépasser le point de vue de la *loi*, pure modalité de l'être, la psychologie atteint l'être même sous la multiplicité de ses phénomènes.

Tout autres sont donc les principes régulateurs de la science de l'âme et ceux dont s'inspirent les sciences de la nature.

Le concept de causalité n'est d'ailleurs pas seul à différencier les deux études : l'activité du moi implique comme conséquence immédiate sa *substantialité*.

Comment imaginer une force qui s'épuiserait dans ses effets et ne leur survivrait pas ? Leibnitz a heureusement réformé la définition cartésienne de la substance, en y ajoutant, comme trait essentiel, l'*action*. Il n'est pas moins nécessaire d'introduire dans la notion de cause l'idée de *permanence*, d'*existence en soi*. Tout ce qui est, observe Spinoza, est *en soi* ou *dans autre chose*. Admettre qu'une puissance agissante ne possède pas une réalité durable, ce serait la supprimer en tant que puissance, pour la réduire à l'état de mode ou de qualité. La science positive incline de plus en plus, il est vrai, à définir les forces par des phénomènes susceptibles d'une évaluation mathématique : c'est qu'au fond elle ne s'enquiert pas des *causes*; c'est qu'elle étudie les manifestations des agents naturels, sans remonter à la source d'où ils émanent, sans s'occuper du principe un ou multiple dont ils dérivent. Par exemple, ce qu'on appelle *force*, en mécanique, n'est jamais qu'un *rapport* entre le fait actuel du mouvement d'un corps et le fait ultérieur d'un chemin plus ou moins long parcouru, ou d'un choc plus ou moins destructif produit par ce corps.

Il n'en saurait être de même, lorsqu'il est question du moi : conscient de son activité propre, il se voit comme existant *en soi* et *pour soi*. *Causalité* et *substantialité* : tels sont donc les premiers attributs essentiels que la psychologie rationnelle reconnaît au sujet. Celui-ci s'oppose par là même à l'objet, toujours donné à l'état phénoménal dans l'expérience sensible.

Un troisième concept, dû encore à la méthode subjective appliquée dans toute son étendue, achèvera de déterminer l'essence de l'âme : c'est le concept de *finalité*.

Que l'univers soit un système de moyens appropriés à des fins, l'expérience externe est impuissante à le décider : la question, par suite, n'intéresse pas directement la science positive. Les sens, réduits à eux-mêmes, ne nous révèleraient jamais l'ordre de la nature et la destination des choses. On peut dire, pour reprendre le vieil exemple classique, que la vision est la fin de l'œil. Mais la pure observation est incapable de nous apprendre qu'un tel résultat ait été prévu et cherché ; en d'autres termes, nous constatons que l'homme voit *parce qu'il* a un œil, mais non qu'il ait un œil *pour* voir. Kant, avec sa profondeur ordinaire, a défini le concept de la finalité : « *L'idée* d'un tout déterminant l'*existence* des parties. » Il est clair que cette prévision du résultat, qui doit amener la production des moyens, échappe à la simple expérience. Les sens peuvent bien nous montrer la série des phénomènes qui constituent la vision *réelle*, la vision envisagée comme *effet* physique, mais nullement l'*idée* de la vision, considérée comme *cause* de l'œil.

Ainsi, pas plus que la causalité, la finalité ne figure parmi les données ou les principes directeurs de la science.

« La partie *observable* des phénomènes, dit M. Renouvier, doit seule occuper le savant. Celui-ci aura établi une *cause*, quand il aura défini le phénomène ou le groupe de phénomènes, dont la présence est la condition nécessaire et suffisante de la présence du phénomène qualifié d'*effet*. La *force* proprement dite reste un point de vue du philosophe, un point de vue étranger aux analyses et aux solutions des problèmes posés au physicien [1]. »

Cette considération touchant la causalité, s'appliquerait avec plus de justesse encore à la finalité, envisagée dans ses rapports avec la science positive.

Il en va tout autrement, dès qu'on passe de l'univers physique au monde moral. Non seulement, en effet, le sens intime nous fait saisir notre énergie personnelle produisant les phénomènes que nous nous attribuons, mais encore il nous révèle les idées directrices de notre conduite. Nos actions réfléchies ont des *motifs*, c'est-à-dire qu'elles sont toujours produites par quelque raison déterminée et en vue d'un résultat cherché par nous. Le but est le dernier terme de la série phénoménale, vers lequel convergent plusieurs actes, et une telle convergence suppose évidemment dans la pensée une représentation préalable de la fin poursuivie. S'agit-il, par exemple, de prouver un théorème,

[1] Renouvier. *Logique*, t. II, p. 311 et sq.

je rassemblerai, pour les combiner, toutes les vérités mathématiques nécessaires à cette démonstration ; ai-je à exprimer une idée que je veux communiquer à d'autres, j'appellerai à mon secours tous les souvenirs, images, raisonnements, propres à la mettre en lumière et à le faire pénétrer dans les esprits.

Sans une orientation de toutes les puissances du moi vers un idéal, qui représente la destination même de l'homme, le spectacle que nous offre la conscience serait inintelligible : le vrai, le beau, le bien, sont comme les pôles d'attraction vers lesquels gravitent naturellement nos diverses facultés. Oter ce triple but aux efforts de l'âme, serait réduire toute son activité à une stérile agitation dont le sens même lui échapperait.

« Il y a lieu, dit M. Lachelier, d'envisager de deux façons différentes la vie intime ; nous pouvons la surprendre, tout d'abord, dans une foule d'états et de formes. Mais il est aussi possible de l'étudier à un autre point de vue, et de se demander quelle est la manière d'être et d'agir qui renferme le plus d'*ordre*, et par suite, de *bonheur*. Quelquefois, en effet, notre conduite manque d'harmonie, rompt l'équilibre de notre être, et par conséquent nous rend malheureux. Il y a pour nous misère, quand nous nous trouvons dans l'impuissance de satisfaire des désirs devenus excessifs, et quand, d'autre part, nous avons condamné à l'inaction les parties les plus nobles de notre nature [1]. »

Toutes les facultés de l'âme tendent invinciblement vers l'organisation ; toutes ses œuvres, dans l'ordre de la science, de l'art, de la vie morale et religieuse, sont empreintes de ce caractère. La société elle-même, création de la liberté humaine autant que de la nature, est un tout ordonné, où chaque élément doit concourir à la perfection de l'ensemble.

Ainsi, quand l'univers n'offrirait, selon l'hypothèse de Hume, qu'une série de phénomènes s'enchaînant les uns aux autres, se succédant avec plus ou moins de régularité, mais sans présenter entre eux aucune hiérarchie ; quand, en un mot, la finalité serait absente du monde de la matière, elle éclaterait avec évidence dans celui de l'âme.

Dans cette revue des *qualités premières* du moi, révélées par la méthode subjective, l'*unité* mérite encore de figurer, comme un dérivé de la causalité, de la substantialité et de la finalité.

---

[1] Lachelier. — *Cours inédit de Logique.* 3º leçon.

Il s'agit ici, non d'une unité de composition, comme celle d'un *tout* par rapport aux éléments qui le constituent; ni de l'unité d'une *série phénoménale*, dont le commencement et la fin échapperaient à la conscience. Ce n'est pas non plus, comme le soutient Kant, une pure *loi* ou *condition formelle* de la pensée : c'est l'intime simplicité de l'être spirituel supposée par ses diverses manifestations. La matière, comme tout composé, est essentiellement divisible et son unité toujours adventice et modifiable à volonté. Tout autre est celle du moi, qui possède, selon le mot de Descartes, une étendue non de *substance*, mais de *puissance*, qui jamais ne se saisit sous les attributs de l'*extension* et de la *continuité*, mais sous ceux de la *force* et de la *concentration*. Il serait absurde de parler d'une moitié ou d'un quart d'âme, d'une fraction de pensée ou de sentiment, car on ne peut morceler ce qui n'a point de parties.

L'unité psychologique, envisagée à l'égard du temps, et non plus de l'espace, devient *identité*. Quels que soient les innombrables changements qu'elle subisse, l'âme demeure et se sent *la même* à travers la durée : d'un jour à l'autre, malgré la lacune mystérieuse du sommeil, elle renoue le fil de son existence interrompue, en s'attribuant, avec les actes de la veille, ceux du lendemain. Cette intime identité diffère profondément de celle de l'organisme, dont les molécules sans cesse renouvelées sont emportées l'une après l'autre dans le tourbillon vital. Le corps, il est vrai, conserve, tant qu'il vit, son individualité ; mais ce n'est là qu'une identité tout extrinsèque de figure, de rapports à peu près constants entre les parties, simple identité de ressemblance, comme celle du vaisseau de Thésée, si souvent radoubé par les Athéniens, qu'il ne contenaits plus, dit-on, un seul morceau du bois primitif. Dans le moi, au contraire, c'est le *fond* qui subsiste et la *forme* qui varie, si l'on peut désigner ainsi cette diversité de la vie intime, que Spinoza appelle la *petite histoire* de l'âme, *historiola animæ*.

A la vérité, le corps vivant est un tout ordonné, formé d'éléments indispensables les uns aux autres, et dont chacun se trouve être moyen et fin par rapport à l'ensemble. Pourtant, quelque parfait que soit ce *consensus* organique, l'organisation elle-même n'est pas inséparable de la matière : elle se dissipe dans le phénomène de la mort, comme elle était apparue dans celui de la naissance ; les substances chimiques, oxygène, hydrogène, carbone, azote, qui entretenaient la vie, se désagrègent alors pour entrer dans des combinaisons nouvelles.

A un examen superficiel, on pourrait croire qu'il existe entre les facultés psychologiques une dépendance et une harmonie moins parfaites qu'entre les fonctions organiques. La cause d'une telle apparence réside évidemment dans notre libre arbitre, que le *sentiment vif interne* nous révèle avant toute démonstration. L'âme, en effet, outre les attributs essentiels déjà énumérés, se reconnaît encore la *liberté*, qui les résume et les implique tous. Elle a conscience de se posséder elle-même, de pouvoir diriger dans le sens où elle veut ses capacités diverses, et choisir, entre plusieurs partis également possibles, celui qui agrée à sa sensibilité ou qu'approuve sa raison.

En résumé, *causalité, substantialité, finalité, unité, identité, liberté* du moi : tels sont les principaux concepts étrangers à la science et dus uniquement à la méthode subjective.

Les psychologues empiriques, dont la prétention est de calquer exactement la science du sujet sur celle de l'objet, déclarent illégitime l'attribution d'une telle portée à la conscience. Ils oublient que l'être spirituel se connaît, non *du dehors*, comme il voit les choses, mais *du dedans*. « La vraie méthode psychologique, dit M. Ravaisson, ne doit pas être définie celle qui de phénomènes dits internes, va par induction à leur cause ; mais celle par laquelle, dans tout ce dont nous avons conscience, et qui est par le dehors, en quelque sorte, phénoménal et naturel, nous discernons ce qui est notre acte, qui seul doit être appelé proprement *interne*, et qui, à vrai dire, supérieur à toute condition d'étendue et même de durée, est, en son essence, surnaturel ou métaphysique ; la vraie méthode psychologique est celle qui du fait de telle ou telle sensation ou perception, distingue, par une opération toute particulière, ce qui l'achève en le faisant *nôtre, et qui n'est autre que nous*. Cette opération, c'est la *réflexion* [1]. »

Il y a plus : une psychologie même empirique n'est à aucun titre assimilable à la science positive. Celle-ci, en effet, tend de plus en plus à expliquer les choses par *figure* et par *mouvement*, deux concepts absolument étrangers à toute théorie de l'âme. L'opposition des deux modes

[1] Ravaisson. *La Philosophie en France au XIX° siècle*. 2° éd., p. 28.

de connaissance se manifeste dans les résultats, non moins que dans les principes. D'une part, les philosophes qui se bornent à l'étude purement *objective* de la nature et de l'homme, aboutissent inévitablement, comme A. Comte et M. H. Spencer, à un *mécanisme matérialiste*. D'autre part, ceux qui s'en tiennent à l'analyse *subjective* des phénomènes du moi sont conduits, comme Stuart Mill, à un *idéalisme empirique*. Car de deux choses l'une : ou bien la conscience a par elle-même une valeur propre, et alors ses données peuvent contredire celles de l'observation sensible ; ou bien elle n'est qu'une maîtresse d'erreur, et, en ce cas, il faut supprimer jusqu'à la réalité des phénomènes intimes, à plus forte raison leur intelligibilité scientifique. La dernière opinion est celle du positivisme français. Le positivisme anglais, moins radical, admet, à côté de l'expérience externe, l'existence et la légitimité d'une expérience intérieure.

Ce dualisme phénoméniste est bien fait pour troubler la raison humaine, éprise d'unité, et la ramener malgré elle à la métaphysique. Il l'y ramène en effet. Être matérialiste ou idéaliste empirique, n'est-ce pas, au fond, se prononcer sur l'essence de la réalité ? Le *phénoménisme*, quelque forme qu'il revête, est un véritable dogmatisme ; seul, le *criticisme*, qui maintient le mystère de la *chose en soi*, évite de tomber dans l'ontologie. Il n'en est pas de même du positivisme matérialiste ou idéaliste, qui, sans en convenir, tranche à sa manière le problème de l'existence. La solution négative qu'il adopte n'est-elle pas aussi hardie que le serait une solution positive ? Concentrer tout l'être, soit dans les phénomènes objectifs, comme M. H. Spencer, soit dans les faits subjectifs, comme Stuart Mill, c'est au fond avoir une opinion très arrêtée sur ce qui est et sur ce qui n'est pas : qu'on le veuille ou non, c'est faire œuvre de métaphysicien.

Les résultats de la psychologie subjective, même empirique, auraient déjà la vertu de mettre en lumière le caractère tout *relatif* du mécanisme scientifique, qui réduit l'univers à n'être qu'un vaste ensemble de mouvements variés, se déployant dans le double infini du temps et de l'espace. *A fortiori*, si comme nous avons essayé de l'établir, la psychologie rationnelle est légitime ; si la conscience est capable de pénétrer, au-delà des faits, jusqu'aux qualités essentielles du moi, celui-ci apparaît alors comme doué d'une réelle spontanéité, comme un être concentré en soi, distinct des phénomènes dont il est le principe. Le progrès de la science de l'âme, à supposer qu'elle dût un jour revêtir la forme déductive, consisterait, semble-t-il, à mettre de plus en plus en évidence cette unité essentielle de la vie intime sous son apparente diversité. Placée, pour ainsi dire, au sein du moi, elle en verrait, comme d'un centre de perspective, rayonner les manifestations multiples.

Le savant, réduit à connaître les causes par leurs effets, se trouve fatalement jeté dans une série illimitée de faits conditionnés les uns par les autres, et ne peut espérer découvrir les rapports en nombre infini qui lient les parties de l'univers au tout. Le psychologue, au contraire, apercevant l'être *du dedans*, irait du centre à la circonférence, et saisirait par une intuition unique l'infinie complexité du monde intérieur.

Ainsi conçue, la psychologie dépasse le cercle des phénomènes, que la science est impuissante à franchir. Elle a le privilège de résoudre au moins l'un des problèmes que pose la métaphysique, celui de la *réalité du moi*. Tandis que les recherches positives, on l'a vu, conserveraient encore toute leur valeur, quand bien même, philosophiquement, l'objet se trouverait ramené au sujet, une réduction du sujet à l'objet rendrait tout à fait illusoires les révélations du sens intime.

Le jugement : *Je suis*, que seul peut porter un être capable de réflexion est la base première et nécessaire de la psychologie. L'animal, doué d'une conscience tout empirique, ne se distingue pas apparemment de ses propres états qu'il confond peut-être même avec les phénomènes de la nature. Le moi humain, au contraire, se posant dans sa vivante spontanéité en face de l'univers, répugne à se concevoir comme existant dans autre chose.

Au point de vue des conséquences métaphysiques, il suffit d'admettre la légitimité de la méthode subjective pour avoir le droit d'opposer au matérialisme et au panthéisme une fin de non recevoir. Ces deux systèmes contredisent, en effet, le témoignage du sens intime, le premier en faisant de la vie psychologique une simple manifestation des propriétés de l'organisme, le second, en absorbant le moi dans l'absolu.

Toutefois, bien que le sujet possède une réalité supérieure à l'existence phénoménale, il ne laisse pas pour cela d'être *relatif* à ses propres yeux. Tout ce qu'il est, il l'est *pour lui-même*. Le témoignage de la conscience, irréfutable sur ce point, ne fournit aucune lumière, soit sur le problème des choses, soit sur celui de Dieu. Si donc il résout infailliblement la question de l'existence du moi, il laisse intactes toutes celles que posent la cosmologie et la théologie rationnelles.

Quant à *l'essence* de l'âme, elle ne saurait non plus être découverte par d'autres procédés que ceux de la méthode subjective. Nous avons observé précédemment [1], que le mot *phénomène*, transporté de l'objet au sujet, change de signification. Tout intermédiaire étant alors supprimé entre la pensée et la matière à laquelle elle s'applique, il n'est guère admissible que le sujet, par ses propres lois, modifie lui-même son essence. On ne voit pas ce que seraient une idée, un sentiment, une résolution, en dehors de la conscience que nous en avons. Il est donc permis d'appliquer aux faits psychologiques la définition que Berkeley étendait à tort à toute espèce de phénomènes : « Tout leur être consiste à être perçus, *esse est percipi.* »

Il n'y a plus lieu ici, comme dans la science, de distinguer entre l'apparent et le réel, et le moi pos-

---

[1] Voir plus haut : *De la méthode objective*, p. 39.

sède le privilège de se voir *tel qu'il est, dans la mesure où il est*. La connaissance qu'aurait de notre vie intime, même une intelligence infinie, pourrait être plus claire et plus distincte que celle que nous en avons, elle n'en saurait différer essentiellement. Il n'y a aucune place dans la conscience pour une illusion absolue, et l'âme connaît sa vraie nature, quand, réfléchissant sur ses propres manières d'être, elle cherche à en découvrir l'unité et la mutuelle subordination. Toute autre nature supposée derrière celle que nous révèle la conscience, ne serait plus nôtre : elle appartiendrait à autre chose. Mais alors pourquoi y voir l'essence même de notre être?

« Maine de Biran, dit un éminent critique, en plaçant comme au delà de la force active dont nous avons conscience, l'absolu de notre substance, n'était pas lui-même parvenu tout à fait à ce *point de vue intérieur,* où l'âme se perçoit en son fond, qui est tout activité, sans qu'il soit nécessaire ni possible de se figurer encore une substance inerte qui la porte [1]. »

Toutefois, cette intuition de l'âme par elle-même demeure encore une connaissance *relative*, dans

---

[1] Ravaisson, *La philosophie en France au XIXe siècle*, 2e édit. p. 27.

un autre sens, il est vrai, que la science de la nature. La conscience ne saurait, sans dépasser ses limites, se représenter, comme le veut Leibnitz, tous les êtres sur le type diminué ou agrandi du moi, depuis la plus simple monade jusqu'à la monade divine. Quelque précieuse contribution qu'elle apporte à la métaphysique en lui montrant un *être* véritable, elle n'est pas plus que la connaissance sensible la mesure absolue de la réalité. Seule, une vue plus approfondie des choses pourrait ramener à l'harmonie l'antinomie provisoire du sujet et de l'objet : les deux expériences des sens et de la conscience représenteraient alors deux perspectives de l'esprit humain sur l'être, conciliables pour une pensée supérieure, quelle que soit leur apparente opposition.

Le caractère relatif des résultats dus à la méthode subjective est méconnu par l'*idéalisme*, qui, exagérant la portée véritable de la conscience, tantôt absorbe dans le moi toute réalité, tantôt met partout l'esprit au sein de la nature, dans l'atome inerte, aussi bien que dans l'organisme le plus parfait :

« Cette constitution intime de notre être, qu'une conscience directe nous fait connaître, dit

M. Ravaisson, l'analogie nous la fait retrouver ailleurs, puis partout. C'est d'après ce type unique de l'organisme intérieur que nous concevons tout ce qu'on nomme être organisés, des choses qui ont en elles-mêmes, quelle que soit leur complexité même, le principe et la fin de leurs mouvements, ou, pour mieux dire, une cause qui en est le principe par cela seul qu'elle en est la fin : des choses qui, comme Dieu, comme l'âme, quoique à un moindre degré, sont les causes d'elles-mêmes, des *choses* enfin qui sont plus ou moins l'analogue des *personnes* [1]. »

La réflexion, à moins de recourir à un criterium autre que le sien, n'a pas le droit, croyons-nous, d'imposer ainsi à toute réalité une essence spirituelle. Elle n'est pas plus fondée à infirmer la valeur des données de l'expérience objective, que celle-ci à récuser les informations du sens intime. S'il y a contradiction entre les deux points de vue, seule une méthode supérieure et conciliatrice aurait qualité pour résoudre leur naturelle antinomie. La prétention de voir dans l'une ou l'autre des deux formes de l'expérience le type unique de toute connaissance ne se justi-

---

(1) Ravaisson. *La philosophie en France au XIXe siècle*, 2e édit. p. 262.

fie pas suffisamment par elle-même aux yeux de la raison.

Ne pourrait-on pas dire, en reprenant une pensée de Jouffroy « que la meilleure réfutation du matérialisme, c'est l'idéalisme, et que la meilleure réfutation de l'idéalisme, c'est le matérialisme [1]? »

« Pour bien comprendre l'absurdité de l'une de ces opinions, ajoute l'auteur des *Mélanges philosophiques*, il suffit de se placer dans le point de vue de l'opinion contraire. Les matérialistes, ne consentant point à sentir *le dedans*, veulent absolument le voir et le toucher; ne pouvant le connaître de cette manière, parce qu'il est intangible et invisible, ils sont réduits à l'imaginer, et comme on n'imagine qu'avec ce qu'on sait, ils sont forcés de le créer à l'image de ce qu'ils ont vu et touché *au dehors*. C'est ainsi que le dedans devient pour eux un ensemble de phénomènes résultant de la nature et de l'arrangement des parties corporelles.

« Voulons-nous juger de la fidélité de cette peinture du monde interne, créée par l'imagination des matérialistes? Laissons-là nos yeux et nos

---

[1] Le mot qu'emploie Jouffroy est celui de *spiritualisme*, mais il désigne dans la pensée de l'auteur une conception *idéaliste* de l'essence des choses.

mains, qui ne peuvent pénétrer dans ce monde intérieur : consentons à le sentir ; plaçons-nous, en un mot, *dans le point de vue* des spiritualistes. Alors, dans la conscience intime de ce monde, étranger à nos mains et à nos yeux, nous sentirons s'évanouir la chimérique description des matérialistes ; alors deux convictions que nous avons continuellement mais obscurément dans l'état ordinaire, celle de notre *causalité* et de notre *simplicité*, deviendront pour nous d'une clarté, d'une évidence, d'une force irrésistible. La pensée, l'activité, la sensation, ne seront plus à nos yeux des phénomènes abstraits et isolés, que l'imagination peut expliquer et arranger comme il lui plait ; nous sentirons vivre en nous ce qui pense, ce qui agit, ce qui sent, en un mot l'*être* qui est nous, et que pour cela nous appelons *moi* [1]. »

L'usage que font tour à tour du concept de *l'absolu* le matérialisme et l'idéalisme pour universaliser leur point de vue propre, est entièrement arbitraire : ce concept, en effet, ne figure ni dans les données de l'expérience sensible, ni parmi les attributs du moi. Tranformé illégiti-

---

[1] Jouffroy. *Mélanges philosophiques*, p. 192.

mement en principe directeur de la psychologie, il n'en peut que dénaturer les résultats, de même « qu'il n'intervient, comme on l'a dit, dans la science positive que pour l'éblouir. »

Si une philosophie idéaliste de la nature rendait celle-ci plus intelligible, on la pourrait accepter, au même titre qu'une hypothèse scientifique qui réussit. Mais la reconstruction de l'univers à l'aide de données purement subjectives est restée, jusqu'ici du moins, une œuvre irréalisable. La simple définition de la nature comme « un Esprit éteint, *erloschener Geist*, » comme « une Pensée qui ne se pense pas [1], » n'avance guère, semble-t-il, la solution du problème cosmologique.

Quant à l'absolu, la méthode subjective n'est pas moins impuissante à le déterminer, soit dans sa réalité, soit dans son essence.

Un spiritualisme, voisin du mysticisme, conteste cette incapacité : « Dieu, dit M. Ravaisson, nous est *plus intérieur* que notre intérieur... Il est *nous*, plus encore que nous ne le sommes, sans cesse et à mille égards étrangers à nous-mêmes [2]. »

---

[1] « La Nature est une Pensée qui ne se pense pas suspendue à une Pensée qui se pense. » — Lachelier, (cité par M. Ravaisson. *La Philosophie en France au XIXᵉ siècle*, 2ᵉ édit., p. 93.)

[2] *Ibid*, p. 29.

Entend-on par là que la vue de notre imperfection nous élève à l'idée d'une nature parfaite? On se borne alors à affirmer que l'éveil de la raison a pour condition l'expérience intime. Mais autre chose est de se connaître comme relatif, et, par suite, dépendant de l'absolu, autre chose de le saisir dans une intuition immédiate. L'âme n'a conscience que de ce qu'elle est ; or, elle ne se sent pas Dieu : irrémédiablement bornée dans sa nature, comment oserait-elle prétendre à aucun des attributs de l'Être divin ?

C'est par un évident abus de la méthode subjective et une sorte d'idolâtrie psychologique, que Fichte a pu faire du moi le principe des choses, engendrant l'univers par son activité infinie. Chaque moi, dans ce panthéisme renversé, devient alors Dieu pour lui-même, et n'est qu'illusion pour les autres. Mais, partie d'une pure abstraction, cette dialectique idéaliste n'engendre pas un atome de réalité, ni le moi vivant et individuel, qui n'est pas absolu, qui n'est pas *cause de soi* ; ni le monde, qui s'oppose à la pensée ; ni enfin Dieu, puisque le philosophe déclare repousser « toute conception religieuse qui personnifie Dieu. » Aussi, la matière et l'absolu ne possèdent-ils dans son système qu'une existence subjective : l'une est un rêve de l'imagination, l'autre, un être de raison, pur symbole de l'avènement de l'ordre moral. L'élimination des choses, le moi partout et sous toutes les formes, le moi comme nature, le moi comme Dieu, le moi s'offrant à lui même comme l'unique et perpétuel objet de ses contemplations : telles sont les conséquences outrées auxquelles a pu conduire l'extension illimitée du *point de vue subjectif*.

La conscience, quoi qu'en ait pensé le grand idéaliste allemand et aussi l'école éclectique française, fournit à la métaphysique une base trop étroite pour porter la réalité tout entière.

« Les faits intimes, dit Schelling, paraîtront toujours peu de chose, à côté de ces grands principes d'être et de devenir, tels qu'ils sont présentés, par exemple, dans le *Philèbe* de Platon, et qui se découvrent par la seule analyse de *l'expérience en général*, et non précisément de *l'expérience psychologique*. »

Ce sévère jugement méconnaît trop sans doute les services que l'ontologie est en droit d'attendre de la psychologie : sans y souscrire pleinement, il est permis de penser que la conscience n'a pas en elle-même la capacité requise pour résoudre d'autre problème que celui de la réalité distincte du *moi*.

De même que la méthode objective est impuissante à déterminer et même à découvrir l'existence du *sujet* ou de l'*absolu* supposés réels, ainsi la méthode subjective n'a aucune compétence hors du monde intime, seul domaine où son autorité soit incontestable.

Si donc la réflexion vient éclairer le problème métaphysique du moi, elle ne jette aucune lumière sur les questions cosmologiques et théologiques, réfractaires aux diverses méthodes étudiées jusqu'ici : de là, la nécessité d'en poursuivre la solution par d'autres procédés plus puissants, s'il en existe.

CHAPITRE V

DE LA MÉTHODE SPÉCULATIVE

Méthode dogmatique

Double forme de la méthode *a priori* ou spéculative : procédé *dogmatique* et procédé *critique*. — Ils se distinguent l'un de l'autre, en ce que le premier attribue à la raison pure une *intuition* propre. — En dehors du point de vue objectif et du point de vue subjectif, il n'en existe d'autre que celui de l'*absolu*, dont le *panthéisme* représente l'exagération possible. — Caractère purement *symbolique* des procédés mis en œuvre par le dogmatisme.

L'examen des diverses méthodes étudiées dans les chapitres précédents achève la revue des procédés *a posteriori*, auxquels les philosophes modernes ont demandé tour à tour la solution du problème de l'être. Les sens et la conscience écartés au nom de la critique, il ne reste de recours possible qu'à la raison, qui a toujours été à bon droit regardée comme la faculté métaphysique par excellence, et dont se sont réclamés les plus grands métaphysiciens de tous les temps, de Parménide à Spinoza et de Platon à Hégel.

Le génie spéculatif a pour trait dominant le dédain de l'expérience, sous quelque forme qu'elle se présente : il regarde le monde des faits, (lorsqu'il ne le supprime pas, à la manière des Éléates) comme le royaume des ombres. La simple connaissance du contingent et du relatif lui semble indigne du nom de science, et la philosophie ne pas « valoir une heure de peine, » si elle est incapable de saisir en lui-même, et non à travers le moi ou la nature, le premier principe des choses.

Pourtant, l'usage que font de la raison les métaphysiciens et les attributions qu'ils lui reconnaissent, varient d'une école à l'autre. Les uns, comme Descartes, lui accordent la puissance de pénétrer, à la lumière des idées *claires et distinctes,* la réalité et la nature intime de la matière, aussi bien que celles du moi et de Dieu :

Qu'est-ce que le corps? « Une substance, dont toute l'essence est d'être *étendue* », dit la philosophie cartésienne.

Qu'est-ce que l'âme? « Une substance dont toute l'essence est de *penser.* »

Qu'est-ce que Dieu? « Une substance infinie,

toute connaissante et souverainement *libre,* même à l'égard des *vérités éternelles* [1]. »

La philosophie éclectique, de nos jours, voulant fonder la métaphysique sur la psychologie, avait à peu près interdit à la spéculation rationnelle, le problème cosmologique, et l'avait restreinte aux recherches sur l'essence de l'âme et la nature divine : « Je passe successivement en revue, dit un disciple de cette école, toutes les idées de la raison, les idées d'infini, de cause, d'espace, de temps, d'ordre, de bien, de bonté. Je recherche quel est leur objet, et j'arrive à ce résultat que toutes les idées tendent à une seule et même idée, à savoir l'idée de l'infini, et n'ont qu'un seul et même objet, à savoir l'*Être infini !* [2] »

Les métaphysiciens allemands contemporains, rêvant une explication dernière et adéquate des choses, ont fait avant tout de la raison la faculté de l'Absolu : ils l'ont dotée d'une *intuition*

---

[1] « Les vérités métaphysiques, écrit Descartes à Mersenne, lesquelles vous nommez éternelles, ont été établies de Dieu et en dépendent entièrement, aussi bien que tout le reste des créatures. C'est, en effet, parler de Dieu comme d'un Jupiter ou d'un Saturne, et l'assujettir au Styx et aux destinées, que de dire que ces vérités sont indépendantes de lui. Ne craignez pas, je vous prie, d'assurer et de publier partout que c'est Dieu qui a établi ces lois en la nature, ainsi qu'un roi établit les lois en son royaume. » Descartes. *Œuvres philosophiques,* Ed. Garnier, t. IV, p. 303.

[2] Bouillier. *Théorie de la raison impersonnelle,* préface, p. 51.

spéciale, grâce à laquelle, elle arrive à franchir à la fois la sphère des objets sensibles et celle de la conscience, pour se placer au sein de la Substance universelle avec laquelle elle s'identifie momentanément. De là, promenant sa vue sur la réalité, elle nous en dévoile tous les mystères, depuis celui de la vie divine, jusqu'à celui de la plus humble existence.

On pourrait symboliser par un exemple mathématique ce mode hardi de spéculation, dont la méthode du panthéisme représente le plus puissant effort. Soit un centre où aboutissent une infinité de rayons solidaires les uns des autres : si l'on se proposait de déterminer, par un procédé analytique, un point quelconque de l'un de ces rayons, il serait nécessaire de l'étudier dans ses rapports avec tous les autres. La solution du problème supposerait donc une déduction infinie. L'artifice de la synthèse consiste, on le sait, à remonter des rayons au centre. L'explication métaphysique devra de même partir de l'Absolu, source éminente de toute existence : la raison, se rendant alors, pour ainsi dire, consubstantielle à la Cause première des choses, verra se dérouler sous son regard la série infinie des êtres et des phénomènes de l'univers.

La méthode spéculative, on le voit, se distingue tout d'abord des procédés du savant et de ceux du psychologue, en ce qu'elle est tout entière orientée du côté de l'*absolu*; et, à vrai dire, toutes les recherches métaphysiques ne prennent leur signification véritable qu'envisagées dans leur rapport avec ce grand problème. Il semblerait, à première vue, que l'essence de l'âme et celle du corps pussent être déterminées, sans qu'il fût nécessaire de faire intervenir cette considération supérieure. N'est-il pas évident, au contraire, que tout l'intérêt du débat éternel entre les métaphysiciens vient se concentrer sur une seule question : celle de savoir si tout est *matière*, ou si tout est *pensée*, si l'*absolu* doit se définir par l'un ou l'autre de ces deux termes, ou par leur synthèse au sein d'une réalité unique ?

C'est donc bien à une interprétation légitime de l'absolu qu'est suspendue toute métaphysique ; c'est autour de cette définition suprême que viennent, en quelque sorte, graviter toutes les autres questions. Dans cet ordre de recherches, l'*inférieur* ne se comprend que dans son rapport avec le *supérieur*. Au reste, tout système dogmatique, considéré dans sa *forme*, et indépendamment de son *contenu*, n'est-il pas un effort pour découvrir un dernier mot des choses? Ainsi, l'absolu est non seulement le point de départ nécessaire, mais encore le principe régulateur de la science de l'être.

Toutefois, le désaccord des métaphysiciens sur l'exacte portée de la raison, qui est l'âme de leur méthode, vient compliquer singulièrement l'étude de leurs procédés. Ces derniers n'ont guère de commun que d'être *a priori,* dans la pensée du moins des philosophes qui les emploient. Envisagée à ce point de vue, la méthode spéculative se présente sous deux formes essentielles : la première, qui considère la raison pure comme douée d'une *intuition* propre, dont le contenu plus ou moins riche varie d'un système à l'autre ; la seconde, qui en fait une *faculté* purement *formelle* dépourvue de tout caractère objectif. Cette seconde interprétation, inconnue de l'antiquité, a été introduite par Kant dans la philosophie moderne. C'est sous ces deux aspects, le procédé *dogmatique* et le procédé *critique,* que nous étudierons successivement la méthode spéculative.

La prétention commune à tout dogmatisme est d'atteindre d'emblée, de saisir dans sa réalité et son essence intime un premier principe des choses. Ce principe, pour les uns, est la matière étendue ; pour les autres, une substance divine immanente au monde, qu'elle engendre par son développement infini ; pour les autres enfin, un être parfait, distinct à la fois de la nature et de l'homme. C'est à l'une de ces trois grandes solutions, *matérialisme, panthéisme, théisme spiritualiste*, que se ramènent, en dépit de la variété de leurs nuances, toutes les doctrines métaphysiques.

Étudiés dans leurs procédés de construction, les systèmes dogmatiques diffèrent moins qu'on serait tenté de le croire tout d'abord. On en trouve une exposition critique, faite à ce point de vue, dans le livre des *Premiers principes* de M. H. Spencer : nous la reproduirons en en modifiant seulement les conclusions. Elle repose sur l'ingénieuse théorie, déjà esquissée par Leibnitz, de la *pensée symbolique*.

Dans un grand nombre de circonstances, observe le philosophe anglais, l'intelligence humaine, impuissante à se représenter les choses elles-mêmes, leur substitue pour les concevoir certains équivalents plus ou moins exacts. L'habitude qu'elle a du procédé lui en dérobe le caractère artificiel. Or, il est des cas où une telle opération est légitime, d'autres où elle ne l'est pas. « Lorsque, par exemple, du rivage de la mer, nous voyons la coque des navires éloignés disparaître au-dessous de l'horizon, nous nous faisons une idée assez claire de la faible courbure de la partie de la surface de la mer qui s'étend devant nous. Mais quand nous cherchons par la pensée à suivre cette courbure, qui s'arrondit insensiblement jusqu'au point où tous les méridiens se rencontrent, c'est-à-dire à huit mille milles au-dessous de nos pieds, notre imagination se trouve entièrement déconcertée. Nous ne pouvons pas concevoir dans sa forme et sa grandeur un petit segment de notre globe de cent milles en tous sens autour de nous, à plus forte raison le globe tout entier. Le bloc de rocher qui est sous nos pieds, nous pouvons nous le figurer assez complètement ; nous sommes capables de nous en représenter le sommet, les côtés et la surface inférieure tout à la fois, ou peu s'en faut, en sorte que toutes ces images semblent présentes à la conscience au même moment. Nous pouvons ainsi nous former une conception du rocher. Mais il est impossible de faire la même chose pour la terre. S'il est hors de notre pouvoir de nous figurer les antipodes aux points éloignés de l'espace qu'ils occupent effectivement, à plus forte raison, ne pouvons-nous pas nous représenter à leur vraie place, les autres points de la terre éloignés de nous. Néanmoins nous parlons de la terre, comme si nous en avions une idée, comme si nous pouvions nous la figurer ainsi que les objets les plus petits [1]. »

Il nous est encore impossible de nous représenter certaines figures géométriques, comme le chiliogone, non plus en raison de leurs proportions démesurées, mais à cause de leur extrême complexité. Voici alors le procédé que nous employons couramment pour penser les grandes étendues ou les objets très compliqués. Nous substituons à la figure, irreprésentable en elle-même, une sorte de *schème* simplifié : au chiliogone, par exemple, l'idée d'un *polygone* quelconque combinée avec la notion arithmétique du nombre *mille*. Nous opérons de même, lorsque nous essayons de concevoir (ce qui est impossible) la terre en vraie grandeur. « Nous avons appris par des méthodes indirectes qu'elle a la forme sphérique; nous avons fabriqué des modèles qui représentent d'une manière approximative la figure et la distri-

---

(1) H. Spencer. *Les premiers principes*, trad. Cazelles, p. 25.

bution de ses parties ; en général, quand il est question de la terre, nous pensons à une masse indéfiniment étendue sous nos pieds, ou, peut-être oubliant la vraie terre, nous pensons à un corps comme une sphère géographique ; mais quand nous cherchons à imaginer la terre, telle qu'elle est en fait, nous combinons ces deux idées de notre mieux, nous unissons à la *conception* d'une sphère quelconque les *perceptions* de la surface de la terre que les yeux nous donnent. Et de la sorte, nous formons de la terre, non pas une conception proprement dite, mais seulement une *conception symbolique* [1]. »

Dans cette transformation de l'idée expérimentale, aucun des éléments scientifiques *(figure et nombre)* qu'elle renferme, ne se trouve sacrifié ; et il est clair qu'on peut employer le *symbole* obtenu de la sorte aussi sûrement que l'idée elle-même. Toutes les notions que nous possédons des grandes distances, des longues durées, des classes d'êtres un peu nombreuses, rentrent, suivant l'auteur, dans les *conceptions symboliques de l'ordre légitime*. Car, si elles sont irréalisables en fait dans l'esprit, rien n'étant négligé de ce qu'il

---

[1] H. Spencer. *Les premiers principes*. Trad. Cazelles, p. 26.

y a d'essentiellement intelligible dans leur contenu, elles sont des équivalents suffisants des idées auxquelles elles correspondent.

A côté de ces conceptions, dont la valeur scientifique est indéniable, il en existe d'autres qui doivent être regardées comme *illégitimes*, parce qu'elles sont formées d'éléments contradictoires, et, suivant un mot de Platon : « logent chez elles leur ennemi. » Toute hypothèse métaphysique est dans ce cas.

Reprenons les trois seules solutions possibles du problème de l'être. Ou bien, le monde existe par soi *(matérialisme)*; ou bien, il se produit et se détermine lui-même, engendrant par une nécessité interne la diversité des choses *(panthéisme)*; ou enfin il est la création d'un être distinct et souverainement parfait *(théisme)*. Or, aucune de ces hypothèses, soumise à la critique, n'est concevable, au sens vrai du mot. C'est ce qu'on peut vérifier d'abord par l'examen de la doctrine matérialiste :

« Quand nous disons d'un homme qu'il se soutient lui-même, d'un appareil qu'il agit par lui-même, d'un arbre qu'il se développe par lui-même, nos expressions, bien qu'inexactes, représentent des choses que nous pouvons nous figurer

par la pensée avec une exactitude assez parfaite.
Notre conception d'un arbre qui se développe par
lui-même est, sans aucun doute, symbolique.
Mais, quoique nous ne puissions pas nous représenter réellement dans la conscience la série
entière des changements complexes qu'il traverse,
néanmoins nous pouvons nous représenter les
termes principaux des séries, c'est-à-dire, nous
savons que cette conception symbolique du développement spontané peut s'étendre de manière
à se rapprocher d'une conception réelle, et
qu'elle exprime, bien qu'inexactement, une opération réelle de la nature [1]. »

Nous croyons de même observer la permanence
et la stabilité relatives des corps dans leur constitution élémentaire : « Rien ne se crée, rien ne se
perd, » pas le moindre atome, pas la plus petite
quantité de mouvement dans l'univers. Or, avons-nous le droit de conclure d'une telle analogie à
l'immutabilité et à l'éternité de la matière ?
L'expérience ne nous fournit, en tout cas, aucune
donnée dont puisse s'autoriser une semblable conception : les êtres tiennent les uns des autres leur
réalité, ils se passent de main en main le flam-

[1] H. Spencer. *Les premiers principes*. Trad. Cazelles, p. 31.

beau de l'existence, pareils, selon la belle image de Lucrèce, aux coureurs qui se succédaient dans le stade antique. Aussi, n'avons-nous d'idée nette et distincte, que de cette existence toute relative. Comment donc inférer d'exemples aussi grossiers que la persistance apparente de la matière dans le creuset du chimiste, à sa permanence et à son indépendance absolues? Dire que le monde est par soi, c'est nier qu'il ait été créé. En écartant ainsi l'idée d'une cause antérieure, on exclut nécessairement celle d'un commencement; pour concevoir un univers qui n'a pas commencé, il faudrait donc être capable de se représenter un temps infini déjà écoulé avant le moment présent : chose manifestement impossible à la pensée humaine.

« Ajoutons à cela, dit l'auteur des *Premiers principes*, que l'existence par soi fût-elle concevable, elle ne pourrait en aucun sens expliquer l'univers. On ne peut pas dire que l'existence d'un objet à un moment donné devienne plus concevable parce qu'on a découvert qu'il existait une heure, un jour, un an auparavant, et si son existence à ce moment ne devient pas le moins du monde plus intelligible par le fait de son existence durant une période antérieure finie, il n'y a pas d'accumulation de périodes, même poussée à l'infini, qui puisse la rendre plus intelligible. Aussi, non seulement la théorie athéiste est inconcevable, mais ne le fût-elle pas, elle ne serait pas pour cela une solution. L'affirmation que l'univers existe par soi, ne fait pas faire un pas au delà de la connaissance de son existence présente, et par conséquent nous laisse en présence d'une affirmation nouvelle du même mystère [1]. »

Une conception de l'absolu *par voie d'analogie* sur le type de *la matière inerte :* tel est, en résumé, le procédé de construction propre au dogmatisme matérialiste.

La notion d'un univers se créant lui-même, qui fait le fond du panthéisme, tombe sous la même critique. Elle est viciée comme la précédente, par la substitution illégitime d'une idée expérimentale à une idée métaphysique, en elle-même inconcevable. Certains faits peuvent, à la vérité, en fournir une représentation grossière : ainsi, la condensation d'une vapeur invisible, résultant de l'abaissement de la température, ou encore les métamorphoses que traverse l'embryon pour se transformer en animal adulte, offrent une

---

[1] H. Spencer. *Les Premiers principes*. Trad. Cazelles, p. 32.

vague analogie avec un monde qui se produirait lui-même par voie d'évolution.

Mais essaie-t-on de réaliser cette conception symbolique, on s'aperçoit bientôt qu'elle n'est pas plus intelligible que la solution matérialiste. Nous ne pouvons, en effet, penser l'existence *virtuelle* de l'univers que comme distinguée de son existence *actuelle*. Si donc elle était concevable, ce serait en tant que quelque chose, c'est-à-dire en tant qu'existence actuelle. La supposition qu'elle soit conçue comme rien, renferme deux absurdités : que rien est plus qu'une négation, et peut être représenté dans l'esprit d'une manière positive, et qu'un certain rien se distingue des autres riens par le pouvoir de se développer et de devenir quelque chose.

L'analogie de l'hypothèse panthéistique, avec les exemples qu'elle emprunte à l'expérience, est d'ailleurs plus apparente que réelle. Car, dans la nature, aucun changement ne se produit sans une impulsion additionnelle, sans une excitation venue du dehors, cause *externe* et non *immanente* de la transformation qui s'opère.

L'assimilation du concept métaphysique à l'idée expérimentale fût-elle exacte de tout point, il resterait encore à expliquer cette puissance indéfinie de développement que possède le monde. On ne pourrait faire sur son origine que trois suppositions : celles de l'existence par soi, de la production par soi ou de la production par une cause distincte. Or, l'existence par soi d'un univers en puissance est encore moins intelligible que celle d'un univers actuellement réalisé. La production par soi de cet univers virtuel impliquerait à plus forte raison les difficultés déjà signalées. Enfin, sa création par une puissance extérieure serait l'abandon même de la doctrine panthéistique. Celle-ci ne représente donc, comme la précédente, qu'une *conception symbolique de l'ordre illégitime*.

Le procédé qui sert à la construire ne diffère pas sensiblement de celui qu'emploie le matérialisme. Il consiste à attribuer à l'absolu, toujours par une analogie non justifiée, le mode d'existence et de développement particulier aux êtres vivants. Un organisme est un système de moyens appropriés à une fin, qui est *la vie*, une réunion d'éléments hétérogènes, dont chacun concourt par un genre particulier de mouvements à la conservation de l'ensemble. Le tout se trouve être à la fois cause et effet des parties : chaque partie est à la fois cause et effet des autres. La vie ne préexiste d'ailleurs que virtuellement aux organes dont les actions et réactions mutuelles la viennent réaliser. De même, l'absolu, pour le panthéisme, n'est rien sans ses attributs et ses modes, et ne se manifeste que dans la variété des êtres finis.

Enfin, la doctrine de la création par un pouvoir extérieur est due toujours au même procédé symbolique, avec cette différence que l'analogie est ici plus imparfaite encore que dans les deux premiers cas. La création de l'univers par un être distinct ressemblerait, autant que nous pouvons nous la représenter, à l'action d'un artisan qui fabrique un objet quelconque. Mais ce vague symbole ne nous fait point pénétrer le mystère vrai, c'est-à-dire l'origine des matériaux qui ont servi à construire le monde. « L'artisan ne fait ni le fer, ni le bois, ni la pierre qu'il emploie ; il se borne à les façonner et à les assembler. En supposant que le soleil, les planètes, les satellites et toutes les choses que ces corps contiennent ont été formés d'une manière semblable par un « Grand Artiste, » nous supposons seulement qu'il a disposé dans l'ordre que nous voyons présentement certains éléments préexistants. Mais d'où venaient ces éléments préexistants? La similitude ne nous le fait pas comprendre, et, tant qu'elle ne le fait pas, elle est sans valeur. La production de la matière tirée de rien : voilà le vrai mystère. Cette similitude, pas plus qu'une autre ne nous rend capable de la concevoir, et nous n'avons que faire d'un symbole qui ne nous donne pas ce pouvoir [1]. »

L'explication spiritualiste fût-elle plausible, d'ailleurs, les mêmes difficultés renaîtraient en ce qui concerne l'auteur du monde. Ou bien, il aurait été produit par une autre cause, celle-ci par une autre, etc.... et l'on se trouverait ainsi jeté dans une régression à l'infini, sans avancer en rien la solution du problème; ou il se créerait lui-même, étant, comme le veut Spinoza *causa sui* : conception déjà reconnue inintelligible. Il ne resterait donc qu'à supposer qu'il existe par soi, et cette hypothèse n'est pas plus admissible pour un être de raison que pour le monde, objet d'expérience.

Pour achever cette critique, on pourrait ajouter que la définition de l'être créateur au point de vue de son essence, n'est pas moins *symbolique* que toutes les autres déterminations du premier prin-

---

[1] H. Spencer. *Les Premiers principes.* Trad. Cazelles, p. 35.

cipe des choses : seulement, au lieu de modeler l'absolu sur le type de la matière brute ou de la matière organisée, c'est à l'image du moi humain que le conçoit la métaphysique spiritualiste. La méthode qu'elle met en usage est nettement indiquée par Descartes : « Suivant les raisonnements que je viens de faire, pour connaître la nature de Dieu, autant que la mienne en était capable, je n'avais qu'à considérer, de toutes les choses dont je trouvais en moi quelque idée, si c'était perfection ou non de les posséder, et j'étais assuré qu'aucune de celles qui marquaient quelque imperfection n'était en lui, *mais que toutes les autres y étaient* [1]. »

Dieu, dans cette doctrine, est un être conscient, libre et personnel : les éléments qu'emploie le spiritualisme pour remplir le cadre vide de l'existence en soi et par soi sont donc tout subjectifs. Mais, s'ils représentent ce qu'il y a de plus élevé et de plus noble dans la conscience humaine, ils n'engendrent toujours qu'une conception purement anthropomorphique de la divinité.

En résumé, les diverses tentatives du dogmatisme pour découvrir, *par voie d'intuition*, l'être

[1] *Discours de la méthode.* (IV⁰ partie).

par soi, aboutissent inévitablement à un *symbolisme* dont les matériaux sont empruntés ou à l'expérience externe, ou à l'expérience interne, ou aux deux réunies. Que ce soit la matière, telle que les sens nous la montrent, avec le cortège des qualités secondes, ou la matière réduite à ses propriétés mathématiques ; que ce soit l'être vivant ou le sujet pensant qui serve à la définition du premier principe de la réalité, toutes les hypothèses métaphysiques offrent la contradiction permanente de l'absolu identifié au relatif.

« L'expérience prouve que les éléments de ces hypothèses ne sauraient être réunis dans la conscience, et nous ne pouvons nous les figurer qu'à la manière de ces pseudo-idées d'un carré fluide ou d'une substance morale, c'est-à-dire en ne cherchant jamais à en faire des idées réelles. Séparées comme elles le semblent par de grandes différences, les hypothèses athéiste, panthéiste et théiste renferment le même élément fondamental. On ne peut esquiver la nécessité de faire quelque part l'hypothèse de l'*existence par soi*, soit qu'on la pose toute nue, soit qu'on la dissimule sous mille déguisements, elle est toujours vicieuse, incogitable [1]. »

---

[1] H. Spencer. *Les Premiers principes.* Trad. Cazelles, p. 37.

Telle est la conclusion de cette étude critique sur la méthode propre au dogmatisme. On en doit retenir que les prétendues intuitions de la raison pure ne sont en réalité que des emprunts forcés à l'expérience, et qu'aucune conception adéquate du principe et de l'essence des choses n'est possible.

Mais faut-il admettre jusqu'au bout la thèse de l'auteur, lorsqu'il affirme que l'*existence par soi*, même dépouillée de tout alliage expérimental, est inaccessible à l'esprit humain? Ne confond-il pas alors, suivant les habitudes de l'empirisme, l'idée avec l'image et l'intelligible avec le représentable? Comment concilier la nécessité où nous nous trouvons, d'après M. H. Spencer lui-même, d'affirmer la réalité de l'absolu, avec notre irrémédiable impuissance à le penser? L'existence par soi est, semble-t-il, le *minimum* de contenu qu'on puisse assigner à ce concept; sinon, où serait le caractère propre, qui le distinguerait de l'idée du relatif? De ce qu'aucun symbole emprunté à l'expérience n'exprime exactement l'être inconditionné, est-il légitime d'en conclure que celui-ci est absolument inconcevable à la raison? La question est trop grave pour être abordée incidemment : elle sera étudiée pour elle-même au chapitre suivant, où il est traité de la *méthode critique*.

Ajoutons, en terminant, que ce mariage forcé de la raison et de l'expérience que présente le dogmatisme, tend à effacer de plus en plus les frontières naturelles qui séparent la science de la métaphysique [1].

Comment, lorsqu'on se croit en possession du premier principe des choses, résister à la tentation de reconstruire *a priori* les réalités particulières, de reproduire par la pensée la genèse même du monde? Si la *matière* est supposée tout expliquer, c'est qu'apparemment elle possède quelque propriété mystérieuse, quelque loi cachée de développement d'où procèdent tous les phénomènes, y compris ceux qu'on nomme à tort *immatériels*.

Même substitution illégitime de la spéculation rationnelle à la recherche scientifique, lorsqu'on voit dans l'*esprit* le principe même de l'être. C'est alors le monde physique qu'on essaie de deviner, en partant du moi. La théorie du *mécanisme universel*, que la science positive se contente d'induire d'une exacte observation des faits, est

---

(1) Voir *Appendice*, II.

présentée par un profond métaphysicien de nos jours comme une conséquence nécessaire de l'essence de la pensée :

« La loi des causes efficientes, dit M. Lachelier, loi qui résulte *a priori* du rapport de la pensée avec les phénomènes, permet à son tour de déterminer la *nature des phénomènes* eux-mêmes. Il faut que nous percevions, dans la diversité même des phénomènes, une unité qui les enchaîne : et, puisque les phénomènes sont une diversité dans le temps et dans l'espace, il faut que cette unité soit celle d'une diversité dans le temps et dans l'espace. Or, une diversité dans le temps est une diversité d'états, et la seule unité qui puisse se concilier avec cette diversité est la continuité d'un changement, dont chaque phase ne diffère de la précédente que par la place même qu'elle occupe dans le temps. Mais une diversité dans le temps et dans l'espace est une diversité d'états et de positions, tout ensemble : et l'unité, de cette double diversité ne peut être qu'un changement continu et uniforme de positions, ou, en un seul mot, *un mouvement continu et uniforme*[1]. »

---

[1] Lachelier. *Du fondement de l'induction*, p. 62.

Non seulement tous les phénomènes de la nature se trouvent être, en vertu de cette déduction hardie, des mouvements, mais encore ce sont des mouvements uniformes : ainsi l'exige l'essence même de la pensée.

Le panthéisme, qui définit l'absolu par la matière et l'esprit identifiés au sein d'une même substance unique, offrirait encore un plus frappant exemple de ces empiètements de la raison sur le domaine de l'expérience. Schelling ne nous fait-il pas assister à la genèse même des choses, par la lutte éternelle du principe idéal contre le principe matériel, « douloureux enfantement de Dieu à travers la nature ? » Ne nous montre-t-il pas le *Sujet-objet* qui devient successivement *pesanteur, lumière, vie, intelligence, liberté*, sans cesser, à tous les degrés de ce processus divin, d'être le *Sujet-objet* identique. L'hégélianisme ira plus loin encore dans l'explication du réel par le rationnel et du physique par le métaphysique : « Une tuile, dit Hégel, ne tue pas par elle-même, mais par suite de sa vitesse acquise, c'est-à-dire qu'un homme est tué par le temps et par l'espace. »

La méthode dogmatique, poussée à ses dernières limites, aboutit à ouvrir devant l'intelligence bornée de l'homme, la décevante perspective d'une science absolue. A défaut d'une critique déterminant la portée exacte de la raison, le progrès scientifique lui-même n'interdit-il pas à l'esprit humain une aussi vaine espérance ? Tout recours direct à un principe métaphysique, lorsqu'il s'agit d'expliquer les faits particuliers, ne peut servir qu'à suppléer provisoirement à notre ignorance des causes naturelles, tout au plus à signaler à la science positive une lacune qu'il appartient à elle seule de combler.

« La métaphysique, observe justement M. Lachelier, a eu trop souvent le tort de disputer aux sciences un terrain qui leur appartient, et d'engager contre elles une lutte dans laquelle elle était vaincue d'avance. Veut-on, en effet, que la *Cause première* ne soit que la première des causes secondes, et que l'induction, en remontant le cours des âges, doive rencontrer tôt ou tard une main divine occupée à former et à mouvoir l'univers ? Mais quand on pourrait sans absurdité rabaisser la Pensée créatrice au rôle d'un agent mécanique, à quoi bon relever sans cesse sur le chemin de la science une barrière sans cesse renversée, et offrir au vulgaire le dangereux spectacle d'un Dieu chassé, pour ainsi dire, de positions en positions par les conquêtes successives de la physique et de la chimie ?... Laissons donc la science tisser à son gré la trame indéfinie des phénomènes ; la part qui reste à la philosophie est assez belle, puisqu'elle doit expliquer les faits, non *physiquement*, mais *métaphysiquement*, non par la cause qui les détermine dans le temps, mais par celle qui les crée dans l'éternité [1]. »

Nous avons essayé d'établir l'insuffisance des procédés dogmatiques dans la réalisation d'une pareille tâche. Voyons si la méthode spéculative sous sa seconde forme, la forme *critique*, aura plus de succès pour la constitution définitive de la métaphysique.

---

[1] Lachelier. *Revue de l'instruction publique* (23 juin 1864). — Étude critique sur le livre de M. Caro : *De l'Idée de Dieu.*

CHAPITRE VI

DE LA MÉTHODE SPÉCULATIVE (SUITE)

Méthode critique

Définition du procédé critique, distinct à la fois de la méthode dogmatique et de la méthode subjective. — La métaphysique n'en a guère éprouvé jusqu'ici que la puissance destructive. — Sa valeur comme procédé de construction. — Analyse du concept de *l'absolu* dans Hamilton et dans M. H. Spencer. — L'antinomie du *parfait* et de *l'absolu* est-elle réelle? — Possibilité d'une synthèse de ces deux notions, conduisant à une définition exacte, quoique toute *formelle*, du principe des choses. — Retour sur le *symbolisme* en métaphysique. — Application de la méthode critique aux problèmes non encore résolus de la science de l'être.

Le point de vue critique a été, au précédent chapitre, distingué du point de vue dogmatique, en ce qu'il n'attribue aucune intuition propre à la raison. L'ancienne métaphysique, on le sait, voyait dans celle-ci la *faculté objective* par excellence, capable d'atteindre, par delà les phénomènes, jusqu'aux *noumènes* de la nature, du moi et de Dieu : la nouvelle méthode inaugurée par Kant regarde, au contraire, les idées rationnelles comme dépourvues de toute matière, et ne leur assigne qu'une valeur formelle, une simple action directrice. Elle en fait des principes *régulateurs*, et non des principes *constitutifs*, du genre des *notions innées*, dont il suffirait de développer le contenu pour créer de toutes pièces la science de l'être.

Cette distinction est fondée, on le voit, sur la dissociation des éléments de la connaissance, telle que l'a opérée la philosophie critique. La métaphysique dogmatique était tout entière dominée par le principe péripatéticien : « Νοῦς ὑπὸ τοῦ νοητοῦ κινεῖται. *Le sujet est mis en mouvement par l'objet* [1]. » Kant, renversant les termes de cette formule, fait, au contraire, graviter l'objet autour du sujet, et attribue à celui-ci le premier rôle dans la production des idées ; car l'esprit est inné à lui-même et préexiste à l'expérience.

La plus élevée de nos connaissances, dans cette théorie, n'est ni une *sensation* transformée, comme le prétend l'empirisme, ni une *intuition intellectuelle* de noumènes plus ou moins mystérieux, comme le veut le dogmatisme : c'est une

---

[1] Aristote. *Métaphysique*, xii. 7.

réflexion, par laquelle la pensée saisit immédiatement sa propre nature et les conditions qui rendent possible son exercice. Le mot de réflexion ne doit pas être pris ici au sens condillacien, c'est-à-dire, entendu comme le mouvement de l'intelligence passant d'une idée à une autre, mais bien comme l'acte suprême par lequel l'esprit, se repliant sur soi, pénètre son essence, indépendamment de tout objet et de toute donnée expérimentale.

Si cette définition du point de vue critique est exacte, le procédé de recherche qu'il engendre est absolument original, et ne saurait pas plus être confondu avec la méthode subjective qu'avec la méthode dogmatique.

Certains interprètes de Kant ont contesté le caractère rationnel et *a priori* de ce nouveau mode de spéculation. Fries, en particulier, estime que Kant s'est fait illusion à cet égard, et qu'en croyant être métaphysicien, il est resté psychologue. C'est, pensons-nous, méconnaître l'esprit d'une si grande réforme philosophique, que d'y voir une simple continuation de l'œuvre de Locke.

L'analyse de l'entendement, telle que la comprend le philosophe anglais, se borne à établir

« que la prétendue reine des sciences a une naissance vulgaire [1], » c'est-à-dire que la métaphysique procède en réalité de l'expérience. Mais si cette analyse suffit à ruiner les prétentions chimériques du dogmatisme, elle ne fabrique pour la raison elle-même qu'une « fausse généalogie, » puisque, uniquement attentive à la *matière* de la pensée, elle néglige la pensée elle-même.

L'empirique, suivant une comparaison de Kant, est comme l'ignorant, qui détermine, d'après les bornes de l'horizon visible, les dimensions de la terre. Le critique ressemble au géographe, qui, sans en voir davantage par les yeux, arrive, à l'aide de ses calculs, à connaitre la vraie grandeur du globe. De plus, si l'étude purement expérimentale de l'intelligence en peut définir les opérations et les lois, elle est impuissante à en déterminer la portée et la valeur à l'égard de la vérité.

« Ce que nous appelons *vérité* ou *existence*, dit M. Lachelier, se distingue des données de la conscience sensible, non comme un fait se distingue d'un autre, mais comme le *droit* en général, se distingue du *fait*... L'expérience peut

[1] Kant. *Critique de la raison pure*. (Préface de la 1re édition).

bien nous apprendre que certaines successions se reproduisent plus fréquemment que d'autres, et établir ainsi entre la veille et le rêve une distinction de fait. Mais elle ne peut pas nous répondre que la veille ne soit pas elle-même un autre rêve mieux suivi et plus durable ; elle ne peut pas convertir le fait en droit, puisqu'elle ne se compose que de faits, et qu'il n'y a aucun de ces faits qui porte en lui-même, plutôt que tous les autres, le caractère du droit. Il faut donc que la conscience intellectuelle tire d'elle-même la lumière qui ne peut pas jaillir de la conscience sensible... Cette lumière est-elle, comme les *idées innées* du spiritualisme vulgaire, un fait rationnel, une donnée inexplicable de la conscience intellectuelle ? S'il en était ainsi, elle ne serait, sous le nom d'idée, qu'une chose d'un nouveau genre ; elle serait peut-être le premier objet de la pensée, mais elle n'en serait pas encore le sujet, et elle aurait à justifier de sa vérité devant une idée antérieure, avant de s'ériger en critérium de la vérité des choses sensibles... Le dernier point d'appui de toute vérité et de toute existence, c'est la spontanéité absolue de l'esprit. Ce qu'il y a de plus intime dans la conscience ne peut être l'objet d'une analyse : la pensée pure est une idée qui se produit elle-même, et que nous ne pouvons connaître selon sa véritable nature qu'en la reproduisant par un procédé de construction *a priori*. Ce passage de l'*analyse* à la *synthèse* est en même temps le passage de la psychologie à la métaphysique [1]. »

On voit ici que le procédé critique peut, sans cesser d'être lui-même, exister sous la forme synthétique, aussi bien que sous la forme analytique. Kant, il est vrai, et après lui son disciple écossais Hamilton, ne l'ont guère entendu et pratiqué que dans le dernier sens. Nous espérons montrer qu'à côté de leur critique purement négative, concluant à la suppression de toute ontologie, une critique positive de la raison, est possible et légitime ; en un mot, que le procédé kantien n'a pas moins de puissance pour fonder que pour détruire, et que cette arme redoutable est capable de guérir les blessures qu'elle-même a pu faire.

Ce phénomène ne serait pas nouveau dans l'histoire de la pensée. N'est-ce pas par une application plus large et plus féconde de l'analyse des phénomènes intimes, que Maine de Biran est

---

[1] Lachelier. *Psychologie et métaphysique.* — (*Revue philosophique,* Mai 1885, p. 516).

parvenu à dépasser le sensualisme de Condillac, et Jouffroy, la psychologie tout expérimentale des Ecossais? Dans un autre ordre de recherches, Magendie, qui tenta le premier d'introduire l'expérimentation en physiologie, se plaisait, dit-on, à faire ressortir la contradiction des résultats dus à la nouvelle méthode [1]. On sait le merveilleux parti que Claude Bernard devait tirer des mêmes procédés pour constituer à l'état positif la science biologique.

Le choix des moyens d'étude ne préjuge en rien les résultats : le savant et le philosophe cherchent dans une certaine direction, sans prévoir d'avance ce qu'ils trouveront. Pourquoi donc la critique kantienne, envisagée uniquement comme une méthode (ce qu'elle est avant tout), ne pourrait-elle conduire à une doctrine réaliste,

---

[1] « Bien différent de ceux qui prennent d'avance leurs précautions pour éviter l'embarras que leur causerait un entretien trop immédiat avec une réalité qui leur est peu familière, Magendie interrogeait directement la nature, souvent sans savoir ce qu'elle répondrait. Quelquefois, quand il se hasardait à prédire le résultat, l'expérience disait juste le contraire. Il en était enchanté, car si son système, auquel il ne tenait pas, sortait ébréché de l'expérience, son scepticisme, auquel il tenait, en était confirmé... Ce que Magendie avait voulu, prêché, désiré durant quarante ans, l'expérience en physiologie, Claude Bernard le réalisa. En s'appliquant à produire les faits mêmes de la vie, en s'ingéniant à les gêner, à les contrarier, il réussit à les soumettre à des lois précises. La physiologie ainsi conçue devint la sœur de la physique et de la chimie. » — Renan, *Discours de réception à l'Académie française*.

aussi bien qu'à l'idéalisme transcendental ? Si les deux mots de *criticisme* et de *dogmatisme* paraissent jurer l'un à côté de l'autre, c'est que l'esprit confond à tort le procédé philosophique avec le système qu'il a tout d'abord engendré ; mais peut-être ce système n'est-il pas le seul fruit possible et légitime de la critique. La détermination des limites de la pensée avait conduit Locke à l'empirisme. La même recherche ne pourrait-elle pas aboutir à une réforme du kantisme, comme la méthode cartésienne s'est plus tard retournée contre la doctrine même de Descartes ? « Descartes, dit Fontenelle, a amené une nouvelle manière de raisonner beaucoup plus estimable que sa philosophie, dont une bonne partie se trouve fausse ou incertaine, suivant les propres règles qu'il nous a apprises [1]. »

C'est la gloire des inventeurs de méthodes, que leurs théories soient, pour le triomphe de la vérité, renversées plus tard, grâce à la puissance des nouveaux procédés introduits par eux dans la science.

Avant d'étudier la valeur du procédé critique comme moyen de construction, voyons le parti

---

[1] Fontenelle. *Digression sur les anciens et les modernes.*

qu'espérait en tirer Hamilton pour ruiner définitivement la métaphysique. Kant, au jugement du logicien écossais, aurait pu se dispenser de critiquer une à une les preuves classiques de l'existence de Dieu, et de réfuter, à l'aide de l'appareil compliqué des antinomies, les thèses et antithèses du dogmatisme : pour en finir une bonne fois, ce n'est pas seulement le *corps*, mais aussi le *fantôme* de l'absolu, qu'il eût fallu anéantir [1]. La critique appliquée à ce concept suffit, suivant Hamilton, à dissiper les illusions de la raison sur la possibilité d'une science dernière de l'être.

Il est bon d'éprouver tout d'abord la puissance de la méthode dans son œuvre destructrice. Ne pourrait-elle ressembler à ces agents naturels qui, après avoir servi à décomposer les corps en chimie, sont ensuite employés à les recomposer? L'électricité éclaire aussi bien qu'elle foudroie.

Hamilton, qui se plait à dénombrer et à classer les opinions qu'il examine, distingue quatre solutions possibles sur l'absolu :

[1] « Kant avait anéanti la vieille métaphysique, mais sa propre philosophie contenait le germe d'une théorie de l'absolu plus chimérique encore qu'aucune de celles qu'il a réfutées. Il avait tué le *corps*, mais il n'avait pas exorcisé le *fantôme* de l'absolu, et ce fantôme a continué à visiter les écoles d'Allemagne. »
Hamilton. *Fragments de philosophie*. Trad. L. Peisse, p. 26.

1º L'absolu ne peut être ni *connu*, ni *conçu*, l'idée qu'on en croit posséder étant la simple négation du relatif, seul connaissable et concevable.

2º L'absolu *n'est pas objet de connaissance*, mais le concept en est réel et positif, à titre de principe régulateur de la pensée.

3º Il peut être *connu*, mais non *conçu*, et se révèle seulement, en vertu de l'identité essentielle du sujet et de l'objet, dans une intuition supraconsciente.

4º Enfin, il peut être *conçu* et même *connu* par la conscience réfléchie, à travers la relation, la différence et la pluralité, termes antithétiques de l'absolu.

Cette dernière opinion est celle de la philosophie éclectique; la troisième représente la doctrine de Schelling; la seconde, la théorie kantienne; la première est la solution de Hamilton lui-même. Renchérissant sur la doctrine de son maître, il prétend, par une application plus rigoureuse de sa méthode, établir que non seulement l'absolu est inconnaissable, mais qu'il est entièrement inconcevable. Ce n'est là, suivant lui, qu'une pseudo-idée, pure négation de toutes les conditions de la pensée. Ainsi, tandis que Kant avait été *conceptualiste* sur la question de l'absolu, Hamilton est simplement *nominaliste*.

Voici, en substance, comment il développe sa thèse. Il croit devoir distinguer deux formes de l'absolu, intelligibles au moins dans les mots : 1° *L'inconditionnellement limité* : c'est l'absolu proprement dit, au sens du terme latin *absolutus*, achevé de tout point ; 2° *L'inconditionnellement illimité*: c'est l'*infini*, ou l'idée d'un tout au delà duquel on ne peut rien concevoir. Considéré dans ces deux déterminations, l'absolu est un concept contradictoire en soi et irréalisable.

Essaie-t-on d'abord de penser l'inconditionnellement limité, on ne saurait se le représenter que comme un *tout* absolument complet, ou comme une *partie* réellement irréductible. Or, ce sont là deux notions qui, en fait, n'existent jamais dans l'esprit. Quelle est la somme si grande, qu'elle ne comporte l'addition d'une unité ? Quelle est la partie si petite, qui ne puisse devenir un tout à l'égard d'une partie plus petite encore? Au fond, nous ne pensons donc jamais que le limité conditionnellement.

L'inconditionnellement illimité, ou l'infini n'est pas plus concevable. L'intelligence humaine est évidemment incapable d'effectuer l'addition d'une infinité d'éléments, puisqu'elle ne dispose que d'une durée finie. En résumé, l'inconditionnellement illimité ou l'infini, et l'inconditionnellement limité, *tout inextensible* et *partie indivisible* sont deux notions irréalisables. Comme ce sont là, d'après Hamilton, les deux formes essentielles de l'absolu, il est permis de ne voir dans ce prétendu concept, que le stérile effort de la pensée pour se dépasser elle-même, tentative aussi vaine « que celle du lévrier qui veut sauter par-dessus son ombre. »

Si ces deux déterminations de l'absolu sont les plus importantes, elles ne sont pourtant pas les seules proposées par les métaphysiciens : ceux-ci l'ont tour à tour défini par les idées de *Cause première*, de *Substance universelle*, de *Fin suprême* de la nature et de l'humanité.

Ces diverses conceptions soi-disant rationnelles ne sont, comme les deux précédentes, que des faisceaux de contradictions. La cause, tout d'abord, n'est cause que relativement à ses effets. Si donc l'absolu est pensé comme la Cause première, une *relation* se trouve par là introduite dans son essence, et il cesse alors d'être l'absolu.

S'il est entendu comme Substance universelle, il ne se réalise toutefois que dans ses attributs, et, par suite, n'existe pas en dehors des êtres finis : nouvelle altération apportée à la nature de l'Être souverainement indépendant.

Enfin, il ne saurait davantage être conçu comme Cause finale du monde : de même que la cause efficiente n'est cause que par rapport à ses effets possibles, ainsi la fin n'est telle, que par sa relation avec les moyens destinés à la réaliser.

Ce n'est pas tout. On se heurte encore à de nouvelles contradictions, lorsque, après les attributs métaphysiques de Dieu, on considère ses attributs moraux. Comment, par exemple, maintenir la toute-puissance divine, si la faculté du mal lui est refusée ? D'autre part, sa justice absolue n'est-elle pas incompatible avec son infinie bonté ? Comment peut-il encore se connaître lui-même, sans se dédoubler en un sujet et un objet ? Cette dualité qui est la condition même de la conscience, est en même temps la négation de la simplicité essentielle de l'absolu ?

Tous les efforts de l'intelligence humaine pour concevoir l'absolu, n'ont d'autre résultat, on le voit, que de le frapper à l'effigie du relatif [1].

---

[1] « L'*absolu*, semblable à l'eau du tonneau des Danaïdes, s'échappe toujours comme une négation, et s'engloutit dans les abîmes du néant. » — Hamilton. *Fragments de philosophie.* Trad. L. Peisse, p. 27.

La raison de cette impuissance se trouve dans l'essence même de la pensée.

Quelle est, en effet, la première loi à laquelle sont soumises toutes les opérations intellectuelles, les plus simples aussi bien que les plus compliquées? N'est-ce pas l'existence de quelque *distinction* appréciable entre les choses, autrement dit, de certaines relations entre les objets à connaître. « Penser, selon une formule de Hamilton, c'est *conditionner*. » Les êtres et les phénomènes ne peuvent être perçus qu'en étant distingués de ce qu'ils ne sont pas. Or, cette loi de la pensée exclut évidemment la possibilité de concevoir l'absolu, qui n'est rien, s'il n'est pas tout.

A cette objection M. H. Spencer en ajoute une autre du même ordre : Penser, observe-t-il, c'est non seulement distinguer, c'est encore et surtout rapprocher : l'*intégration*, non moins que la *différenciation*, est une condition nécessaire de la connaissance, qui est toujours à quelque degré une reconnaissance. Si un objet ne présente pas avec d'autres, certains traits communs, s'il est seul de son espèce (et tel serait, d'après sa définition même, l'absolu), il est impensable. Ne pouvant être comparé à rien, ni classé avec d'autres êtres, par là encore, il échappe aux prises de l'intelligence.

Enfin, une dernière considération tirée de la relativité de la connaissance, achève de mettre en lumière le caractère inconcevable de l'absolu. Il est évident que jamais la pensée humaine ne s'élève au-dessus de la conscience : or, celle-ci a pour condition nécessaire, outre l'existence de certaines relations entre les choses, l'antithèse d'un *sujet* et d'un *objet*, perceptibles seulement par leur corrélation et leur limitation réciproque. Pour que l'absolu pût pénétrer dans la conscience, il lui faudrait inévitablement se soumettre à cette loi : ce qui le rendrait relatif à notre constitution intellectuelle. Un absolu *connu* n'est plus un absolu : prétendre le contraire, c'est admettre qu'un objet, exempt par hypothèse de toute relation, entre cependant en rapport avec une intelligence. C'est se contredire [1].

Telles sont les antinomies auxquelles vient se heurter la raison, lorsqu'elle essaie de réaliser l'absolu. Ces contradictions s'évanouissent, quand

---

[1] « Un Dieu qu'on comprendrait ne serait pas Dieu. » « A God understood would be no God at all. » H. Spencer, *Les Premiers principes*, Trad. Cazelles, p. 47.

au lieu de regarder cette idée comme un véritable concept, on n'y voit que l'inutile effort de la pensée pour se dépasser elle-même, pour continuer de connaître, au moment où sont abolies les conditions de toute connaissance.

Y eût-il, par hypothèse, homogénéité d'essence entre le sujet et l'objet, comme l'admettent en commun, bien qu'à un point de vue opposé, le matérialisme et l'idéalisme, on n'éviterait pas pour cela la précédente difficulté. Les deux termes, en effet, devraient toujours être distincts l'un de l'autre, en *substance*, sinon en *essence* ; et de nouveau l'absolu serait rendu relatif. Ainsi, qu'on le conçoive comme *simple objet* (matérialisme), comme *sujet pur* (idéalisme), ou comme *sujet-objet* (panthéisme), aucune des trois solutions n'est réellement intelligible. Comment l'absolu pourrait-il être pensé comme objet, si ce n'est par rapport à un sujet, ou réciproquement comme sujet, sinon par rapport à un objet ? Dans les deux cas, l'inconditionné deviendrait conditionné. Dans la troisième hypothèse, celle de l'identité substantielle du sujet et de l'objet, l'antithèse des deux termes nécessaires à la pensée consciente, disparaissant, toute conception réelle s'évanouirait en même temps. Aussi, Schelling, qui s'est arrêté à ce dernier parti, a-t-il été réduit à affirmer que l'absolu nous est révélé dans une intuition *supra-intellectuelle* : ressource désespérée, qui rappelle l'*extase* mystique des Alexandrins, et représente le suicide même de la raison.

Tel est le long et subtil réquisitoire dirigé par Hamilton contre la notion de l'absolu : l'argumentation emprunte ici une grande autorité à la méthode philosophique employée. C'est, en effet, la critique kantienne et le procédé des antinomies appliqués au concept même qui sert de base et de principe directeur à la métaphysique. L'auteur n'a pas tort de penser qu'une telle analyse supposée exacte, suffirait à anéantir toutes les prétentions dogmatiques de la raison. Reste à savoir si elle est vraiment fidèle. Le doute est permis, lorsqu'on voit la même méthode engendrer, au lieu de ce *nominalisme*, un véritable *réalisme* chez un philosophe très peu suspect de partialité à l'égard de la métaphysique, M. H. Spencer.

Reprenant les deux déterminations de l'absolu proposées par Hamilton (l'inconditionnellement illimité, ou l'*infini* et le conditionnellement limité, ou l'*absolu* proprement dit), l'auteur des *Premiers principes* en établit, par un procédé tout semblable, le caractère éminemment positif. L'infini, observe-t-il, est pensé, non en tant que *rien*, mais en tant que *quelque chose* : témoin la fécondité de ce concept en mathématiques, où il a engendré toute une science nouvelle. C'est ce que faisait déjà remarquer Fénelon, lorsqu'il disait que la plus positive de nos idées est celle qui est la négation de toute négation. Une connaissance, n'a pas besoin pour être réelle d'être adéquate. Autrement, tout deviendrait insaisissable, jusqu'au particulier et à l'individuel, dont nous n'embrassons jamais non plus la variété des aspects et la totalité des rapports. Selon un mot ingénieux de Stuart Mill, « nous n'avons pas même l'idée adéquate d'un cordonnier, puisque nous ignorons la manière dont il fait ses souliers. » Nous ne savons le tout de rien : ni d'un animal, ni d'une plante, ni d'un grain de sable. En résulte-t-il que nous n'ayons de toutes ces choses aucune idée positive ? On peut dire, qu'excepté les notions mathématiques construites par l'esprit lui-même, aucun concept n'est épuisable dans sa réelle complexité.

Il y a lieu de faire les mêmes réserves sur la critique toute négative à laquelle Hamilton soumet l'absolu. Il n'est pas exact de prétendre que la pensée ne contient que des *relations* et des *limites*. Les limites seules, sans quelque chose à quoi elles s'appliquent, n'offriraient pas plus de prise à la conscience que la pure indétermination. Il faut, avant tout, à la connaissance un support, une sorte de substance brute représentant la réalité même : celle-ci sera ensuite soumise à des conditions qui serviront seulement à la déterminer.

« L'existence d'un élément négatif dans une conception, dit Stuart Mill, ne rend pas négative la conception elle-même et n'en fait pas une entité vide. Bien des gens seraient surpris si on leur disait que la vie éternelle est une conception négative, que l'immortalité est inconcevable. Ceux qui ont l'espérance d'en jouir ont une conception très positive de leur espérance. Il est vrai que nous ne pouvons avoir une conception adéquate de la durée et de l'espace infinis ; mais entre une conception non adéquate et l'impossibilité d'une conception, il y a une grande différence [1]. »

M. H. Spencer observe, en outre, fort justement, que les mots *relatif* et *absolu*, de l'aveu même de Hamilton, s'opposent l'un à l'autre, et n'ont de sens que par leur opposition réciproque. « Si le

---

[1] Stuart Mill. *Examen de la philosophie de Hamilton*. Trad. Cazelles, p. 57.

non relatif ou l'absolu, est une négation pure, la relation entre lui et le relatif devient inintelligible, parce qu'un des deux termes de la relation est absent de la pensée. Si la relation est inintelligible, le relatif lui-même devient inconcevable faute de son antithèse : d'où résulte l'évanouissement de toute pensée [1]. »

La thèse de Hamilton, fût-elle soutenable au point de vue logique, serait donc fausse au point de vue psychologique ; car on doit distinguer deux formes de la conscience, la conscience *définie* et la conscience *indéfinie*. La première, il est vrai, n'a pour objet que le conditionné ; mais la seconde atteint l'inconditionné, bien qu'elle soit impuissante à le déterminer. Il y a des notions complètes ou qui peuvent être complétées, il y en a d'essentiellement incomplètes, et de ce genre est l'idée de l'absolu. L'absolu nous accable de toutes parts, et dire qu'il est inconnaissable, c'est affirmer qu'il est [2].

Ainsi, cette critique positive de M. H. Spen-

---

[1] H. Spencer. *Les premiers principes*. Trad. Cazelles, p. 97

[2] « Dire que nous ne pouvons connaître l'absolu, c'est dire implicitement qu'il y a un absolu. Quand nous nions que nous ayons le pouvoir de connaître l'*essence* de l'absolu, nous en admettons tacitement l'*existence*. » — H. Spencer. *Les premiers principes*. Trad. Cazelles, p. 93.

cer aboutit à un véritable réalisme métaphysique. Elle semble un commentaire perpétuel du mot profond de Leibnitz : *Que dans toute pensée il y a de l'être*. Si elle est exacte, la description du procédé même par lequel la raison, sous l'impulsion irrésistible de ses lois, s'élève à l'idée de l'absolu, serait la meilleure preuve de son existence.

Quelques restrictions que l'auteur apporte ensuite à cette théorie de l'absolu, dont il déclare l'essence *inconnaissable* et même *inconcevable*, bien qu'il en admette expressément la réalité ; quelles que soient les négations qui accompagnent cette affirmation capitale, l'importante concession faite au dogmatisme par sa critique, n'en doit pas moins être soigneusement recueillie. Il reconnait expressément l'objectivité du concept, et déclare, dans l'hypothèse contraire, la pensée inintelligible. *Ce sens indéfini d'une existence dernière*, comme lui-même s'exprime, ne représenterait-il pas le minimum d'intuition de la raison, intuition dont il vaut mieux encore altérer la nature, comme il arrive aux dogmatiques, que méconnaître entièrement la réalité ?

Kant, à ce point de vue, n'a peut-être pas moins que Hamilton abusé de l'abstraction

logique, dans sa *Critique de la raison pure*.
D'où vient cette notion toute *formelle* de l'absolu
qu'il laisse subsister, et qu'il constate sans
l'expliquer ?

L'activité même du moi peut, dans une certaine
mesure, rendre compte de l'existence et du rôle
des catégories de l'entendement. Le sujet pensant
chercherait à mettre partout dans l'univers l'unité
réelle que lui-même possède : cause des phénomènes qu'il s'attribue, il concevrait tout le reste
sur le type de ce qu'il aperçoit immédiatement
en lui. Mais le subjectivisme kantien ne paraît
pas une solution suffisante, lorsque des *catégories* de l'entendement on passe aux *idées* de la
raison. D'où vient que l'esprit, s'élevant en
quelque sorte au-dessus de lui-même, poursuit
dans les choses une autre unité que celle qu'y
peut mettre la science ? Pourquoi ne se con-
tente-t-il pas de grouper les phénomènes dans
une synthèse de plus en plus large et harmonieuse, et quel mystérieux besoin le pousse
à franchir sans cesse le cercle des explications
positives pour rechercher une suprême raison de
la réalité ? On ne voit pas comment ce concept
de l'absolu peut surgir spontanément, au sein
d'une nature irrémédiablement bornée comme

est la nôtre, et il y a ici disproportion manifeste entre le contenu de la pensée et sa capacité réelle.

« Pourquoi, demande Hamilton, Kant a-t-il distingué la raison *(Vernunft)* de l'entendement *(Verstand)*, par ce seul motif que la première a pour objet, ou plutôt pour tendance l'*inconditionnel*?... Dans sa philosophie, deux facultés sont chargées de la même fonction; toutes deux cherchent l'unité dans la pluralité. L'idée *(idea)* n'est que le concept *(begriff)* élevé jusqu'à l'inconcevable; la raison n'est que *l'entendement qui se dépasse lui-même* [1]. »

De plus, comment expliquer la triple forme sous laquelle apparaît l'idée rationnelle dans la critique kantienne : l'idée *cosmologique* ou totalité des causes et des effets de l'univers, l'idée *psychologique* ou notion d'un moi-substance, l'idée *théologique* ou conception d'un être parfait, condition suprême de la possibilité de toute chose? L'exacte neutralité que le criticisme prétend garder vis-à-vis des divers systèmes dogmatiques, est-elle observée ici? Il ne semble pas; car le spiritualisme est la seule doctrine qui maintienne l'hypothèse d'un univers et d'un sujet distincts

---

[1] Hamilton. *Fragments de philosophie*. Trad. L. Peisse, p. 23.

en face du premier principe des choses. Cette idéologie serait déclarée fausse par le matérialisme, par l'idéalisme, et plus encore par le panthéisme. Elle n'est donc pas indépendante de toute solution positive du problème de l'être.

L'homogénéité des données de la raison est par là assez gravement compromise. Les deux premières, l'idée cosmologique et l'idée psychologique, sont apparemment relatives, tout en étant transcendentales. Comment alors dérivent-t-elles de la même source que l'idée théologique, qui a pour objet l'absolu ? Kant semble avoir multiplié dans son système les divisions artificielles, et fait souvent de fausses fenêtres pour la symétrie.

Pourquoi, à la différence de Berkeley, maintient-il, en face de l'esprit, la réalité des choses, sinon parce que la *matière* de la connaissance lui paraît ne pouvoir être dérivée du sujet ? Mais l'idée de l'absolu, même conçue comme une pure *forme*, ne serait-elle pas, aussi bien que les données de l'intuition sensible, le signe d'une réalité distincte ? La pensée seule est, en tout cas, impuissante à l'engendrer, non moins qu'à créer la matière du savoir positif. Sans doute, l'existence ne saurait se construire, ni le réel se tirer par voie déductive du possible. Mais l'existence ne peut-elle être révélée, avant tout raisonnement, dans l'acte primitif et synthétique de la pensée ?

« Le contraste entre le relatif et l'absolu, dit M. H. Spencer, n'est au fond que le contraste entre l'élément mental qui existe absolument et les éléments qui existent relativement. Par sa vraie nature, cet élément dernier de la pensée est à la fois nécessairement indéfini et nécessairement indestructible. Notre conception de l'inconditionné étant proprement la conscience inconditionnée ou la *substance pure* de la pensée, à laquelle nous donnons en pensant différentes formes, il s'ensuit qu'un *sentiment toujours présent d'existence réelle* fait la base même de notre intelligence.... Il reste toujours en nous un sentiment de *ce qui existe d'une manière persistante et indépendante des conditions*. Puisque la seule mesure de la validité relative de nos opinions est la résistance qu'elles opposent aux efforts qu'on fait pour les changer, il en résulte que celle qui persiste dans toutes les circonstances, et qui ne peut cesser, sans que la conscience elle-même ne cesse, possède la plus haute valeur [1]. »

---

[1] H. Spencer, *Les premiers principes*, Trad. Cazelles, p. 102.

Comment donc l'esprit humain, sans être lui-même absolu, peut-il penser l'absolu? La philosophie critique laisse la question sans réponse, et c'est vraisemblablement ce desideratum du kantisme qui a poussé Fichte à faire du moi le principe même de toute réalité. Par ce coup de désespoir la contradiction est levée, mais en même temps la réalité de l'absolu introduite : conséquence qui transforme en un pur idéalisme l'idéalisme transcendental.

De toute cette étude nous voulons retenir uniquement que la critique, entendue au sens kantien, c'est-à-dire, comme la détermination des conditions essentielles de la pensée, a pu conduire M. H. Spencer à affirmer la réalité de l'absolu, dont Kant, au nom de la même méthode, n'avait admis que la possibilité. Ce *réalisme métaphysique* doit-il être préféré au *conceptualisme* kantien ou au *nominalisme* de Hamilton ? Le choix entre les résultats différents dus aux mêmes procédés de recherche, est une question d'impartialité et de sagacité psychologique. Les sciences morales, on l'a vu [1], n'ont pas d'autre critérium à leur disposition. Mais ce dernier n'est pas

---

(1) Voir plus haut : *De la Méthode subjective.* p. 130.

autre, au fond, que celui des sciences positives : la dernière raison pour admettre une hypothèse philosophique ou physique, c'est que, mise en regard de la chose à expliquer, elle en rende compte de la manière la plus satisfaisante et la plus complète.

Il reste à savoir si la même méthode est propre à déterminer l'*essence* de l'absolu, aussi bien qu'à établir son *existence*. La solution du premier problème serait déjà un grand pas fait par la métaphysique : si toutefois la raison n'avait pas de mouvement pour aller plus loin et plus haut, l'ontologie resterait toujours le champ d'interminables controverses, ou plutôt, son objet n'aurait été reconnu *réel*, que pour apparaître aussitôt comme *inconnaissable*. L'*agnosticisme*, cette doctrine si répandue de nos jours en Angleterre, représenterait la seule attitude légitime de l'esprit à l'égard des questions dernières sur l'être. Avant de s'arrêter à ce parti désespéré, il convient d'étudier la puissance de la critique appliquée à ce second problème.

L'ordre logique et la règle cartésienne de la division des difficultés exigeaient que la réalité de l'être premier fût établie avant qu'on en recherchât l'essence. « C'est la gloire de Descartes, dit M. Liard, d'avoir fixé les deux termes entre lesquels doit se mouvoir la spéculation métaphysique : l'indétermination absolue du premier principe et sa détermination absolue par la *perfection* (1). »

La synthèse de ces deux données fondamentales de la raison, si elle pouvait être légitimée par la critique, résoudrait, en effet, à elle seule, la question la plus grave de la théologie rationnelle.

Jusqu'ici, c'est par l'*infinité* et non par la *perfection* que nous avons vu l'absolu déterminé. Hamilton ne le conçoit que sous la double forme de l'inconditionnellement illimité ou de l'inconditionnellement limité, autrement dit, comme un tout achevé ou comme une partie irréductible. On reconnaît, dans cette double interprétation, la conception panthéiste et la doctrine atomistique, qu'il est permis de regarder, avec le critique écossais, comme des doctrines inconcevables. L'idée d'un tout réellement inextensible est une pure illusion, parce qu'il est de l'essence de la quantité de pouvoir être indéfiniment accrue. La notion d'une partie vraiment indécomposable n'est

---

(1) Liard. *La science positive et la métaphysique*, p. 437.

pas moins contradictoire, la quantité admettant d'autre part une décroissance illimitée. Faire résider l'absolu, soit dans l'infiniment grand, soit dans l'infiniment petit, c'est donc le rendre inconcevable, quand même, comme le veulent Plotin et Schelling, il serait connaissable grâce à une intuition *supra-consciente*.

Mais ces interprétations toutes quantitatives du premier principe sont-elles les seules possibles ? L'absolu, tel qu'il se révèle à la raison, avant toute détermination, est *l'être par soi*, non inconditionnellement limité ou illimité, mais *inconditionnellement réel*, celui dont Bossuet a pu dire avec énergie : « Qu'il y ait un moment où rien ne soit, éternellement rien ne sera [1]. »

L'absolu ainsi défini, abstraction faite de tout contenu, n'enveloppe aucune contradiction, car l'idée de dépendance ne fait pas partie intégrante de la notion d'être. Si la thèse de Hamilton offre une apparente vraisemblance, c'est qu'au lieu d'étudier le concept de l'absolu à l'état pur, et sous la forme indéterminée de *l'être par soi*, il n'en considère qu'une représentation mathématique, à tous égards insuffisante. Pour que ses

---

[1] Bossuet. *Traité de la connaissance de Dieu et de soi-même.* (Chap. IV.)

négations à outrance fussent justifiées, il lui faudrait établir, en outre, l'inconcevabilité de l'absolu, défini non plus au point de vue de la *quantité*, mais au point de vue de la *qualité*, c'est-à-dire par la *perfection*. Tant que cette critique n'aura pas été faite, la doctrine spiritualiste d'un Dieu distinct du monde restera plausible.

L'*intelligibilité*, sinon l'*objectivité* de l'idée du parfait, ne semble guère contestable.

Leibnitz, il est vrai, demandait de prouver qu'une telle idée n'est pas contradictoire. Il signalait « un vide à remplir dans la très belle et très ingénieuse démonstration de l'existence de Dieu donnée par saint Anselme. Cette lacune consistait, suivant lui, à admettre tacitement que la notion de l'Être tout grand ou tout parfait est possible et n'implique point contradiction [1]. » La liaison de l'attribut au sujet, telle qu'elle se présente dans l'argument ontologique, n'établissait, croyait-il, pour l'Être divin qu'une réalité purement hypothétique : seule, la

---

[1] *Nouveaux essais*, liv. IV, chap. IX, § VII. — Cf. *Correspondance avec Eckhard* : « Dubitari potest an Ens perfectissimum, de cujus *essentia* sit *existentia*, non implicet contradictionem : fateor enim, si semel concedatur tale Ens esse possibile, seu esse talem conceptum vel ideam, sequi quod existat. » — *Œuvres philosophiques de Leibnitz*. (Ed. Gerhardt, t. I, p. 213.)

démonstration de la possibilité du sujet était capable de transformer en une existence certaine cette existence problématique.

Cette démonstration lui semblait d'autant plus indispensable, que la science offre de nombreux exemples d'*impossibilités* que met en évidence le raisonnement : *quadrature du cercle, nombre infini, mouvement le plus rapide,* etc. Que l'on suppose, par exemple, une roue animée de ce dernier mouvement : si l'on prolonge par la pensée un rayon de cette roue, l'extrémité de ce rayon se déplacera plus vite que le point du même rayon qui fait partie de la circonférence, c'est-à-dire qu'elle aura un mouvement plus rapide que le mouvement le plus rapide : ce qui est impossible. Quelle est la raison de cette impossibilité ? C'est que l'idée dont on est parti, celle du mouvement le plus rapide, impliquait contradiction [1].

Or, s'il en était de même par hasard de la notion du parfait, en vain l'existence apparaîtrait comme liée à son essence, sa réalité serait inadmissible.

Ces développements de la preuve de saint

---

[1] *Discours sur la démonstration de l'existence de Dieu par Descartes.* Opuscules inédits. (Éd. Foucher de Careil, p. 28).

Anselme, Leibnitz les a indiqués, plutôt qu'exposés, dans une réponse au *Journal des Savants* [1], dans les *Nouveaux Essais sur l'Entendement humain* [2], dans les *Lettres à Eckhard* [3], dans le *Discours sur la démonstration de l'existence de Dieu* [4], et dans la *Monadologie* [5].

Dans sa discussion avec Eckhard, il insiste d'abord pour qu'à l'idée de l'*Être parfait*, introduite par Descartes dans l'argument ontologique, on substitue, comme le faisaient les scolastiques, celle de l'*Être par soi* ou *nécessaire* [6]. Il semble avoir plus de confiance dans l'objectivité du dernier concept que dans celle du premier. « Si Dieu, dit-il, est défini l'être par la vertu duquel tout existe, l'être causant et déterminant toutes choses, à supposer qu'une telle notion ne soit pas impossible, et étant donné,

---

(1) *Œuvres philosophiques*. (Ed. Dutens, t. II, p. 254).
(2) *Nouveaux Essais*, liv. IV, chap. IX, § 7.
(3) *Œuvres philosophiques*. (Ed. Gerhardt, t. I, p. 212).
(4) *Opuscules inédits*. (Ed. Foucher de Careil, p. 28).
(5) *Monadologie*, § 36 à 45.
(6) « *Purgari* potest argumentum Cartesii *ab inutili et dubitationibus obnoxia perfectionis mentione*, et reduci ad argumentum illud quod exstat jam apud scholasticos, silicet Ens, quod involvit existentiam, sive *Ens necessarium* existit, quia Ens involvens existentiam, sive Ens necessarium utique necessarium est, seu necessario existit : quod autem necessarium est seu necessario existit, id utique existit. » — *Œuvres philosophiques*. (Ed. Gerhardt, t. I, p. 223).

d'autre part, que quelque chose existe, il s'ensuit nécessairement que tout ce qui existe ou bien est Dieu, ou tire sa réalité de Dieu. *Cette démonstration ne manque pas d'élégance* [1]. »

On remarquera ici l'intervention des choses relatives et contingentes pour prouver l'existence de l'être absolu et nécessaire. Mais l'argument ontologique ne se trouve-t-il point par là dénaturé, plutôt que perfectionné ? Ailleurs, Leibnitz est plus explicite encore : « Si un tel être, (*ens a se*) est possible, il existe... Car si *l'être de soi* est impossible, tous les êtres par autrui le sont aussi, puisqu'ils ne sont enfin que par *l'être de soi* : ainsi, rien ne saurait exister. Ce raisonnement nous conduit à une autre proposition modale, égale à la précédente : *Si l'être nécessaire est possible, il existe*, et qui, jointe avec elle, achève la démonstration. On la pourrait énoncer ainsi : *Si l'être nécessaire n'est point, il n'y a point d'être possible.* Il semble que cette démonstration n'avait pas été portée si loin jusqu'ici.

---

(1) « Dei conceptu posito, quod sit ens cujus vi omnia existunt, seu causa omnium, omnia vi sua determinans, supposito illum conceptum non esse impossibilem, et posito aliquid existere, necessario sequitur, id quod existit, aut esse Deum, aut a Deo existentiam habere. *Elegans satis hoc ratiocinatio.* » — *Correspondance avec Eckhard.* (Edit. Gerhardt, I, p. 262).

MÉTHODE CRITIQUE

Cependant j'ai travaillé aussi ailleurs à prouver que *l'être parfait est possible* [1]. »

C'est surtout dans le *Discours sur la démonstration de l'existence de Dieu* et dans la *Monadologie*, que se trouve cette correction définitive apportée par Leibnitz à l'argument de saint Anselme. Dans les objections adressées à Eckhard, il avait signalé quelques-unes des difficultés inhérentes au concept de la perfection. L'idée d'une intelligence qui connaîtrait tout, disait-il, pourrait bien être aussi impossible et aussi chimérique que celle d'un œil capable de tout apercevoir [2]. D'autre part, quand même les divers attributs impliqués dans une essence parfaite, pris isolément, seraient intelligibles, il resterait à prouver qu'ils ne s'excluent pas, lorsqu'on les suppose réunis. Ainsi, la toute-puissance divine, qui parait devoir comporter même la faculté du mal, n'est-elle pas incompatible avec l'infinie bonté ? Peut-être, lorsqu'il s'agit de déterminer l'être parfait, est-on réduit à ne lui reconnaître que des attributs

---

[1] *Œuvres de Leibnitz.* (Édit. Dutens, t. II, p. 254).
[2] « Demonstrandum est quod non pugnet cum natura mentis *omnia intelligere*, quemadmodum *omnia videre* pugnat cum natura oculi. » — *Œuvres philosophiques*, (Éd. Gerhardt, t. I, p. 250).

métaphysiques tout négatifs ou à lui assigner des attributs moraux contradictoires entre eux.

La vraie difficulté du problème, aux yeux de Leibnitz, était donc la complexité possible de la notion du parfait : car la simplicité du concept une fois admise, comment supposer en lui la moindre contradiction ? [1].

Ce caractère de l'idée de perfection, sur lequel Leibnitz avait semblé d'abord hésiter, il le reconnaît expressément dans le *Discours sur la démonstration de l'existence de Dieu*. « *L'idée de Dieu*, dit-il, *renferme en elle l'Être absolu, c'est-à-dire, ce qu'il y a de plus simple en nos pensées, d'où tout ce que nous pensons prend son origine. M. Descartes n'avait pas pris la chose de ce côté* [2]. » Si quelque contradiction, en effet, était à craindre, ne serait-ce pas plutôt dans la notion de l'imparfait, composé d'être et de non être, que dans celle du parfait, essentiellement une, puisqu'elle ne contient que le réel élevé *au maximum*, l'être pur et sans mélange ? Dans la *Monadologie*, Leibnitz est encore plus affirmatif

---

[1] « Optimam id demonstrandi ingrederis viam: nam si confeceris *perfectissimi* conceptum non esse *compositum*, etiam non implicare contradictionem conclusisti. » — *Correspondance avec Eckhard*. (Ed. Gerhardt, p. 207).

[2] *Opuscules inédits*. (Ed. Foucher de Careil, p. 25).

et plus explicite : « Comme rien, dit-il, ne peut empêcher la possibilité de ce qui n'enferme aucune borne, aucune négation, et par conséquent *aucune contradiction*, cela seul suffit pour connaître l'existence de Dieu *a priori* [1]. »

Lorsqu'une chose n'est possible qu'à certaines conditions, elle ne peut être que si ces conditions sont réunies. Mais celles-ci sont elles-mêmes des possibles, impliquant d'autres conditions, et ainsi de suite à l'infini. Si, dans cet enchaînement de conditions déterminantes, il s'en rencontre quelqu'une d'irréalisable, c'est que la prétendue possibilité était, en fait, impossible et contradictoire, bien que peut-être la contradiction fût trop profonde pour être aperçue tout d'abord. Or, une telle hypothèse est-elle applicable à l'être parfait ou sans bornes ? Évidemment non. Ni en lui, ni hors de lui, rien ne peut l'empêcher d'être ou de limiter sa nature : car celle-ci, ne comportant que des attributs infinis, aucune essence finie ne saurait entrer en conflit avec elle.

L'argument ontologique est ici développé d'une manière tout à fait originale dans son sens véritable. Tandis que Leibnitz s'était

[1] *Monadologie*, § 45.

tout d'abord placé à un point de vue réaliste, en proposant de substituer à l'idée du parfait celle de l'être nécessaire, c'est ici sa théorie des possibles qu'il applique à la démonstration de l'existence de Dieu. Par cela seul, dit-il, que quelque chose existe, plutôt que rien, nous devons nécessairement conclure que dans la seule possibilité ou essence des choses, il y a une *exigence de l'existence*. Tous les possibles, en effet, tendent à l'existence, proportionnellement à la quantité d'essence ou de réalité, qu'ils enveloppent [1].

Pour une essence finie, cette tendance à l'existence ne suffit pas à engendrer l'existence ; car elle peut être contrariée par les tendances analogues des autres essences. D'autres possibles que ceux qui ont été réalisés prétendaient sans doute à l'être, et ne l'ont pas obtenu, faute d'un degré suffisant de perfection. L'intervention d'un principe supérieur est alors nécessaire pour faire passer à l'acte les simples tendances des possibles. Mais en Dieu cette intervention ne saurait être requise. « Il ne trouve, en effet, rien hors de lui qui soit de nature à contrarier sa

---

[1] Leibnitz. *Œuvres philosophiques*. (Éd. Erdmann, 147, b, 719).

prétention à l'existence. Aucune essence n'est sur la même ligne que la sienne, et ne peut entrer en conflit avec la sienne. Ce n'est d'ailleurs pas en lui-même et dans une contradiction interne que l'être souverainement parfait pourrait rencontrer un obstacle à son développement. Sa tendance va donc immédiatement à l'acte. Le possible qui est Dieu existe, par cela seul qu'il est possible. En lui, possibilité et existence ne font qu'un, celle-ci n'étant que la suite inconditionnée de celle-là [1]. »

Sans examiner si le passage de la notion du parfait à sa réalité est légitime au point de vue critique, ce qu'il importe de retenir de cette discussion, c'est la non-contradiction de l'idée envisagée en elle-même. Quand elle n'aurait pas l'efficacité qu'on lui prête, si cependant elle offrait avec le concept de l'absolu quelque profonde affinité, elle se trouverait par là bénéficier de l'objectivité que peut posséder celui-ci : à son tour, l'absolu, ou *l'être par soi* recevrait d'elle une *essence*, une détermination souverainement intelligible. Le dogmatisme spiritualiste, dans l'usage qu'il fait de l'idée de perfection pour

---

[1] E. Boutroux. Ed. de la *Monadologie*. (Préface).

démontrer l'existence de Dieu, a peut-être le tort de choisir comme base de la théologie rationnelle une notion qui en doit être le couronnement.

Voyons donc, l'analyse des deux données une fois opérée séparément, si leur synthèse pourrait être obtenue par la méthode critique.

La convenance du second terme, pris comme attribut, au premier, considéré comme sujet, a été niée énergiquement de nos jours par M. Vacherot, qui trouve entre ces deux idées de la raison, une antinomie radicale. L'absolu, qu'il croit pouvoir identifier avec l'infini, lui apparaît comme un concept essentiellement objectif, et la réalité d'un premier principe, d'où le monde tienne son être, est, suivant lui, évidente. Mais, si la notion de l'absolu enveloppe nécessairement l'existence, il ne s'ensuit pas que la perfection puisse se déduire analytiquement de l'être par soi, ou lui être attribuée par quelque procédé synthétique. Entre le réel et le parfait, il y a, selon l'auteur du *Nouveau spiritualisme*, une irrémédiable contradiction, et il faut choisir entre un Être premier vivant, mais imparfait, et un Dieu parfait, pur idéal de la pensée. La perfection est, sans doute, concevable, mais c'est l'esprit même qui la crée en idéalisant le réel : c'est une notion vide et sans objet, ou, selon la terminologie cartésienne, une *idée factice*.

Il est impossible que l'absolu n'existe pas, mais il est infini, sans être parfait ; il n'est que la cause immanente agissant au sein du cosmos. Quant à la perfection, elle est à l'univers ce que le cercle géométrique est au cercle sensible. Le spiritualiste réalise donc une abstraction, comme le géomètre qui transporterait des figures idéales dans le domaine de la réalité.

Il y a ici comme un renversement de l'argument ontologique : tandis que saint Anselme se refuse à concevoir la perfection autrement qu'existante, pour M. Vacherot elle n'est intelligible qu'à condition de rester dans la région de l'idéal. Cette doctrine se trouve être plus radicale encore que celle de Kant, qui ne voyait aucune contradiction entre les deux notions de l'être et du parfait, qui déclarait seulement illégitime le passage logique de l'idée à la réalité.

L'antithèse établie entre les deux concepts par le subtil dialecticien, résulte au fond d'une définition tout empirique du réel, jointe à une détermination panthéistique de l'absolu [1].

(1) Voir Appendice III.

D'après lui, l'absolu n'existe pas en dehors des relatifs dont l'ensemble forme l'univers, bien qu'il reste distinct de ses œuvres, *non comme une cause extérieure au monde*, mais en demeurant au fond de tout ce qui passe.

Si l'on conçoit pour le premier principe un tel mode d'existence, il est clair qu'il ne saurait jamais revêtir l'essence de la perfection. Mais en est-il encore de même lorsqu'on envisage l'être par soi dans son indétermination primitive : exclut-il alors ou appelle-t-il nécessairement la perfection ?

La raison a seule la compétence requise pour opérer la confrontation de ces deux données fondamentales de la métaphysique.

« La catégorie de l'idéal, prétend M. Vacherot, ne s'applique à rien de réel ni de vivant. On ne saurait trop insister, sur la distinction du *parfait* et de l'*absolu*, quand on parle de Dieu. L'idéal est un concept de l'entendement, rien de plus : concept qui nous permet de juger du degré de beauté et de perfection des œuvres de l'art ou de la nature, mais qui n'est point applicable à l'Être absolu qui est Dieu [1]. »

Cette antinomie est-elle réelle ou artificielle ?

[1] Vacherot, *Le Nouveau spiritualisme*, p. 308 à 311.

Le monde, donné comme *relatif* dans l'expérience, doit-il, selon la conception du panthéisme, figurer dans une définition du premier principe des choses ? A moins de renoncer à la loi essentielle de la raison, l'axiome d'identité, il semble impossible de confondre l'être absolu avec la somme des réalités finies dont se compose l'univers. On a beau remonter à l'infini cette série d'existences, toutes dépendantes les unes des autres, selon la remarque de Leibnitz [1], on n'avance en rien la solution du problème métaphysique.

Dira-t-on que tous ces êtres qui, considérés à part sont contingents, pris ensemble, se suffisent à eux-mêmes ? Ce serait toujours identifier le relatif et l'absolu. Si Dieu existe, il ne peut tirer du monde sa réalité, et se confondre avec un univers en voie perpétuelle de transformation.

C'est donc hors de la sphère de l'expérience

---

[1] « Dans la suite des choses répandues par l'univers des créatures, la résolution en raisons particulières pourrait aller à un détail sans bornes, à cause de la variété immense des choses de la nature... Comme tout ce détail n'enveloppe que d'autres contingents antérieurs ou plus détaillés, dont chacun a encore besoin d'une analyse semblable pour en rendre raison, on n'est pas plus avancé : et il faut que la raison suffisante ou dernière soit hors de la série de ce détail des contingences, quelqu'infini qu'il pourrait être. » — *Monadologie*, § 36.

sensible ou intime, qu'il le faut chercher. Son essence ne se révèle pas à l'imagination, capable tout au plus de concevoir un faux infini de *quantité*, mais seulement à la raison pure, qui atteint, à travers l'idée du parfait, un véritable infini de *qualité*.

Qu'ajouterait donc à cette absolue perfection de l'être premier la vie phénoménale de la nature et de l'homme? Pas plus que le savoir incomplet du disciple, additionné, s'il se pouvait, à la science supérieure du maître. Dans l'ordre de la qualité, c'est par voie de *concentration* et non d'*extension*, que se fait le progrès. Le courage d'un héros serait-il augmenté, quand, par impossible, on le supposerait doublé d'un courage inférieur? Un chef-d'œuvre gagnerait-t-il à être combiné avec quelque œuvre d'art inégale en mérite?

Il faut se souvenir ici des magnifiques comparaisons par lesquelles Plotin symbolise la plénitude de réalité que possède l'être divin : c'est un foyer lumineux, dont le rayonnement n'affaiblit pas l'éclat primitif, une source inépuisable, qui ne perd rien de sa fécondité en se répandant. L'essence de l'absolu n'a donc nul besoin d'être complétée par l'addition des objets finis qui composent le monde : la perfection, forme suprême, ne pourrait être qu'altérée dans sa pureté par son mélange avec les modes inférieurs de l'existence.

Le panthéisme représente l'effort, d'ailleurs stérile, de la pensée pour concilier le relatif et l'absolu, termes inconciliables ; pour chercher dans l'expérience l'être premier, révélé d'une manière *formelle* à la raison, dans les deux concepts harmoniques et non contradictoires de l'absolu et du parfait.

Si, comme l'affirme M. Ravaisson, l'idée de l'absolu *se complète par celle du parfait qui l'attire*, l'objectivité de la première une fois établie par la critique, l'existence ne sera plus nécessairement au prix de l'imperfection, et Platon, Aristote, Descartes, Leibnitz se trouveront avoir raison contre M. Vacherot, lorsqu'ils déclarent que la perfection la plus haute représente aussi la souveraine réalité.

Tout au plus, est-il permis de regretter que le spiritualisme n'ait pas toujours assez nettement distingué le double problème de l'*existence* et de l'*essence* du principe des choses ; qu'il ait trop souvent essayé de déduire analytiquement la première de la seconde, au lieu de combiner dans une synthèse rationnelle les deux notions de l'absolu et du parfait.

Cette réserve faite, la philosophie spiritualiste est, sans contredit, de toutes les formes du dogmatisme, celle où l'élément critique tient le plus de place, bien qu'il y soit trop souvent masqué par de fausses *intuitions rationnelles*.

Lorsque Leibnitz, par exemple, s'efforce de démontrer l'intelligibilité de la notion du parfait, on ne voit pas, à la conclusion près, en quoi une telle recherche diffère de l'analyse du même concept dans Hamilton. Les résultats sont opposés, mais la méthode est la même. Quand Descartes, de son côté, conclut de l'idée à la réalité objective de la perfection, il ne fait que poser la condition à laquelle une intelligence finie peut penser l'infini. Kant n'a-t-il pas supprimé l'originalité de cette preuve si simple et si puissante, en essayant de la réduire à l'argument ontologique purement abstrait et déductif. S'il lui était permis, au nom de sa propre doctrine, de déclarer illégitime l'usage du principe de causalité en pareille matière, il n'a certainement pas rendu justice à l'esprit vraiment nouveau qui inspire la démonstration cartésienne.

Quels que soient, d'ailleurs, les germes de critique que recèle le dogmatisme spiritualiste, la définition de l'absolu par la méthode que nous avons essayé de décrire, reste toujours purement *formelle*. Cette détermination toute rationnelle suffirait peut-être à écarter *a priori* une solution matérialiste, idéaliste ou panthéiste du problème de l'être ; mais elle est loin de satisfaire pleinement la curiosité de notre esprit. En quoi consiste la vraie perfection ? Faut-il, avec le platonisme et le christianisme, la faire résider dans la Souveraine Bonté ? La placer, avec Aristote, dans la Pensée éternellement consciente d'elle-même, ou, avec Plotin, dans l'Unité absolue ? C'est ici qu'on verra reparaître les divergences de doctrine entre les métaphysiciens spiritualistes.

Il se peut que la raison pure soit soumise, dans la détermination de son objet, à la même condition que la raison pratique dans la solution du problème moral. Une simple analyse des caractères que la conscience reconnaît *a priori* à la loi morale : *universalité, obligation, possibilité d'être réalisée par tous,* etc., permet d'éliminer les doctrines qui adoptent quelque principe *empirique,* plaisir ou intérêt, comme règle de la conduite humaine. Mais, lorsqu'il s'agit de remplir ce concept vide du devoir, le moraliste est forcé, quoiqu'il en ait, de recourir à l'expérience. Celle-ci, en effet, peut seule lui apprendre quels sont les actes qui représentent le mieux la pure essence de la moralité, bien qu'ils n'en soient toujours que d'insuffisantes expressions. Car l'idéal, en se réalisant, perd nécessairement quelque chose de sa perfection. « Toute idée pour réussir, dit M. Renan, a besoin de faire des sacrifices : on ne sort jamais immaculé de la lutte de la vie [1]. »

L'art est astreint à la même condition. Quel est le musicien, le peintre, le sculpteur, qui voie dans son œuvre achevée la traduction rigoureuse de sa pensée? La connaissance scientifique elle-même (si l'on excepte les mathématiques, qui n'ont affaire qu'au possible), ne cadre jamais exactement avec ses objets. Les lois les plus générales et les plus fécondes ne sont que des formules approximatives, suffisantes pour se procurer les phénomènes naturels et pour en prédire le retour, mais qui n'embrassent jamais l'infinie complexité des choses. De l'aveu de leurs auteurs, les plus belles théories ne sont que des représentations commodes de ce qui se produit

---

[1] Renan. *Vie de Jésus.*

dans la réalité. « Tout se passe, disait Newton, *comme si* les corps s'attiraient en raison directe des masses et en raison inverse du carré des distances. » Les conceptions scientifiques peuvent donc être aussi regardées comme de purs symboles, équivalents plus ou moins fidèles de la réalité. On les comparerait assez bien à la représentation graphique des surfaces courbes sur une carte plane : les unes, suivant le système de projection adopté, conservent à peu près leur figure véritable ; les autres, d'après le degré de longitude et de latitude où elles se trouvent, sont plus ou moins déformées.

Ainsi, il y a un symbolisme scientifique, comme il existe un symbolisme esthétique et un symbolisme moral. La métaphysique n'échappe pas, dans l'étude de son objet, à cette loi commune à toutes les manifestations supérieures de l'activité humaine.

Une raison imparfaite et bornée ne peut atteindre la vérité absolue, pas plus que le génie artistique, la beauté idéale, et la volonté, la sainteté parfaite. Selon un mot de Saint-Augustin, lorsque nous parlons de la nature divine, c'est pour ne pas nous taire. Toute détermination de l'absolu, autre que la perfection, qui représente tout ce que nous savons certain sur son essence, est donc entachée de symbolisme.

Mais, quelque insuffisante que puisse paraître cette définition toute formelle, elle est un *criterium* sûr pour écarter les interprétations défectueuses du premier principe des choses : le matérialisme, qui admet l'imperfection primitive de l'être par soi, atome ou matière continue ; l'idéalisme et le panthéisme, qui, confondant l'absolu avec le moi ou le monde, sont obligés de supposer en lui une sorte d'immolation, de déchéance nécessaire, lorsqu'il vient à se réaliser.

La raison arrive ainsi, par voie d'élimination, à concevoir Dieu comme un être distinct de la nature, revêtu des attributs de la personnalité sous leur forme la plus pure. « Les perfections de Dieu, dit Leibnitz, sont celles de nos âmes, mais il les possède sans bornes ; il est un océan dont nous n'avons reçu que des gouttes : il y a en nous quelque puissance, quelque connaissance, quelque bonté : mais elles sont entières en Dieu. L'ordre, les proportions, l'harmonie nous enchantent ; la peinture et la musique en sont des échantillons : Dieu est tout ordre, il garde toujours la justesse des proportions ; il fait l'harmonie universelle ;

toute la beauté est un épanchement de ses rayons [1]. »

A la vérité, ce n'est toujours là qu'une *représentation symbolique* de l'être premier ; mais les déterminations différentes proposées par les autres systèmes n'ont-elles pas le même caractère ? Aucune intuition rationnelle ne nous révèle l'absolu comme identique soit à la *matière,* soit à *l'esprit,* soit à la synthèse de ces deux termes. Toute la question est de savoir laquelle de ces définitions, nécessairement inadéquates, se rapproche le plus de la vraie conception de l'absolu par la raison pure. La pensée ne dispose que de données toutes *formelles* pour résoudre *a priori* le problème métaphysique : quand elle veut aller plus loin, elle est réduite à mettre dans ce cadre précieux de la perfection une matière plus ou moins vile empruntée à l'expérience. Mais, de ce que le premier principe des choses est inconnaissable dans son essence, s'ensuit-il que l'on doive placer sur la même ligne les diverses interprétations symboliques qu'on en peut donner ?

Les théories scientifiques, qui sont elles aussi de simples approximations de la vérité, ne laissent

---

[1] Leibnitz — *Œuvres philosophiques* (Ed. Dutens t. 1. p. 38.)

pas pour cela d'être inégales en valeur. Celles qui expliquent et permettent de prévoir un plus grand nombre de faits, sont à bon droit préférées aux hypothèses moins complètes et moins fécondes. Pourquoi n'en serait-il pas de même des hypothèses métaphysiques ? Seulement, ce n'est plus ici l'expérience, c'est la raison seule, qui, grâce au double critérium de l'*absolu* et du *parfait*, doit décider entre les doctrines. Tandis que dans la science le contenu vaut plus peut-être que la *forme,* toute découverte même obtenue par une mauvaise méthode étant bonne à recueillir, en métaphysique, au contraire, l'idée directrice est tout, elle domine et transfigure, en quelque sorte, la *matière* du système.

Le spiritualisme, préoccupé de rendre compte des choses par les *fins,* beaucoup plus que par les *causes,* assure à la philosophie une autonomie réelle. Il suit dans ses explications une marche opposée à celle de la science ; mais plus celles-ci diffèrent des solutions positives, plus elles doivent contenir de vérité métaphysique.

Les systèmes pourraient, à cet égard, être classés d'après la prédominance plus ou moins grande qu'ils attribuent à l'élément supérieur sur l'élément inférieur, discernables l'un de l'autre à la lumière de l'idée de perfection. Au plus bas degré serait le *matérialisme*, uniquement orienté, comme la science, vers l'objet ; viendrait ensuite l'*idéalisme*, qu'on ne peut accuser de faire la part trop petite au sujet, mais qui en dénature l'essence en le confondant avec l'absolu ; puis le *panthéisme* qui, mettant sur le même plan la matière et l'esprit, efface leur réelle distinction, et finit par les identifier dans un *Sujet-Objet* inintelligible ; enfin le *spiritualisme,* qui choisit la personnalité comme l'expression la moins imparfaite de l'absolu, et s'accorde par là, non seulement avec la science, qu'il ne saurait gêner dans ses démarches, mais encore avec les plus nobles besoins de l'âme humaine, altérée d'idéal et de justice.

En concevant le premier principe comme un être distinct des choses et du moi, bien qu'éternellement présent dans l'univers et dans l'homme, le théisme spiritualiste ne fait qu'obéir aux exigences mêmes de la raison pure, qui, définissant l'absolu par la perfection, veut que le Dieu créateur et architecte de la nature, soit aussi un Dieu législateur du monde moral.

Cette nécessité du symbolisme pour la métaphysique empêche qu'elle puisse jamais, comme le voulait l'école cartésienne, être modelée sur les sciences exactes. Est-ce donc à dire qu'elle soit dépourvue de toute valeur scientifique ? Non, à moins de limiter arbitrairement aux mathématiques le sens du mot. L'hypothèse, qui représente l'élément *symbolique* dans l'étude de la réalité concrète, est réputée vraie, tant que des faits inconnus ne viennent pas la contredire. Pourquoi n'en serait-il pas de même pour la doctrine qui donne la plus légitime satisfaction aux exigences de la raison humaine ? Et il n'est pas à craindre ici que l'expérience vienne renverser une théorie, construite pour rendre compte avant tout de la pensée elle-même. Seule, la critique rationnelle pourrait battre en brèche la conception spiritualiste : la raison ressemble au diamant qui ne se laisse entamer que par sa propre poussière.

Dans les autres systèmes, le symbolisme existe, pour ainsi dire, à l'état latent. C'est la matière, telle que la révèlent les sens, ou le sujet, comme il apparait à la conscience, ou ces deux termes réunis dans une synthèse bâtarde, qui sont censés représenter l'essence vraie de l'absolu. Le spiritualisme a, entre autres supériorités, le mérite de prendre sa détermination du premier principe pour ce qu'elle est véritablement : nul théiste, le mystique Malebranche lui-même, n'a jamais soutenu que nous eussions une complète connaissance de Dieu, dont il admet pourtant la présence réelle dans l'âme humaine.

L'essence divine dépasse à coup sûr tous les attributs que nous lui assignons, et est, sans doute, aussi élevée au-dessus de la personnalité, que la personnalité est elle-même supérieure aux autres modes de l'existence. Mais, comme l'être libre possède, *viâ eminentiæ,* toutes les propriétés de la matière brute ou organisée, ainsi, bien que la perfection l'emporte certainement sur ce que nous connaissons de meilleur, une Volonté bonne, Dieu doit être au moins cela, tout en étant infiniment plus.

« Peut-être, dit M. Rabier, n'est-il aucun attribut de notre nature qui se prête à recevoir pleinement la *forme* de l'absolu. Le Dieu, non seulement du vulgaire, mais des philosophes, le Dieu de Socrate, le Dieu de Platon, d'Aristote, de Descartes, de Leibnitz, c'est un Dieu qui est toujours *imparfait* par quelque côté. Le Dieu d'Aristote ignore le monde; il est donc imparfait en connaissance et en bonté. Le Dieu de Descartes est liberté absolue; il peut vouloir au hasard et sans motif; il est donc imparfait en sagesse et en raison, etc.

Qu'on réussisse seulement à *purifier* une fois l'idée de Dieu *de toute contradiction*, la métaphysique aura fait la plus grande partie de sa tâche [1]. » Dans l'impuissance manifeste où se trouve notre esprit borné d'avoir de l'absolu une connaissance adéquate, il ne lui reste d'autre ressource que cette conception incomplète, mais non inexacte du premier principe des choses à la lumière de l'idée de perfection.

La métaphysique n'est cependant pas tout entière dans cette question, quelque importante qu'elle soit. Définie comme la *science de l'être*, elle a encore à déterminer la nature et le moi, au double point de vue de leur *réalité* et de leur *essence*.

La critique, en dissipant l'illusion commune au matérialisme, à l'idéalisme et au panthéisme, qui attribuent à la raison une intuition qu'elle n'a pas de l'être premier, appelle nécessairement un nouvel examen des deux autres parties du problème ontologique. Celui-ci eût été complètement résolu, si l'un des trois systèmes en question avait réussi à justifier ses prétentions dogmatiques. Mais ni le monde ni le moi ne pouvant être légitimement confondus avec l'absolu, il reste

[1] E. Rabier. — *Logique*. p. 16.

à savoir par quelle méthode l'un et l'autre peuvent être connus dans leur être et dans leur nature propre.

On remarquera que la question ne se présente sous cette forme que dans le spiritualisme, seule doctrine qui n'absorbe pas la théologie dans la cosmologie ou dans la psychologie rationnelle. Posé en ces termes, dans quelle mesure le problème comporte-t-il l'application de la critique ?

La méthode subjective, on l'a vu, établit avec infaillibilité et l'existence distincte et la nature du moi. Cette vérité, depuis que Descartes a écrit, défie tous les efforts du scepticisme. Le sujet entre comme facteur nécessaire dans toutes nos connaissances, et, si l'on en pouvait mettre en doute la réalité, à plus forte raison tout le contenu de la pensée serait-il frappé d'incertitude. « Un objet de connaissance, quel qu'il soit, dit Ferrier, est toujours quelque chose de plus que ce que l'on prend d'ordinaire pour l'objet ; il est toujours et il doit toujours être l'objet avec l'addition du moi, l'objet *plus le sujet*. Le moi est une partie essentielle de tout objet de connaissance [1]. »

---

[1] J. Ferrier. — *Institutes of metaphysic.* — (Proposition II.)

L'essence de l'âme ne saurait non plus être découverte par une autre voie. Il faut, pour se trouver lui-même, que l'esprit suive une marche inverse de celle de la science. Lorsqu'il s'efforce de déterminer les lois du monde, le savant doit s'abstraire de ses propres impressions, se mettre, comme disait Bacon, « à l'école de la nature. » Le psychologue a besoin, au contraire, de rentrer en lui-même, et plus ses doctrines auront un caractère subjectif, plus elles auront chance de se trouver vraies. « Il y a, dit Maine de Biran, une lumière intérieure, un *esprit de vérité* qui luit dans les profondeurs de l'âme, et dirige l'homme méditatif appelé à visiter ces galeries souterraines. Cette lumière n'est pas faite pour le monde, car elle n'est appropriée ni aux sens externes ni à l'imagination ; elle s'éclipse ou s'éteint même tout à fait devant cette autre espèce de clarté des sensations et des images, clarté vive et souvent trompeuse qui s'évanouit à son tour en présence de l'esprit de vérité [1]. »

Il ne saurait être question, lorsqu'il s'agit du moi, d'une *connaissance symbolique*, analogue à celle que nous pouvons avoir des choses,

---

[1] Maine de Biran. — *Rapports du physique et du moral.* (Préface).

puisqu'ici l'*être* et le *paraître* coïncident. Ou le moi n'est rien, ou il est réellement ce qu'il a conscience d'être. Ce n'est pas que l'esprit soit dispensé de tout effort pour saisir le sens de cette vie intime, où il est à la fois acteur et spectateur. Si le sujet se voit *tel qu'il est*, encore doit-il, dans cette intuition immédiate qu'il a de sa propre nature, savoir discerner le général du particulier, l'essentiel de l'accidentel : pas plus que les lois physiques, les lois psychologiques ne sont révélées *a priori*, et aucune science, même celle de l'âme, n'est innée.

La difficulté sera de découvrir les rapports véritables et la réelle subordination des facultés. On le pourra, grâce à la méthode subjective, qui ne se distingue pas ici de la critique, la *matière* et la *forme* de la science psychologique se trouvant confondues dans le sujet. Le témoignage du sens intime ne pourrait être contesté, que si l'on supposait démontré le matérialisme. Il faudrait pour cela ériger en connaissance absolue la connaissance sensible, et rien dans l'expérience ne suffit à justifier une telle prétention : elle ne saurait, en tout cas, être légitimée qu'à l'aide d'un procédé critique, qui, par hypothèse, serait sans autorité dans un système d'où toute recherche subjective est bannie. Si, au contraire, les résultats de la science positive sont purement relatifs, la possibilité de l'expérience interne, avec sa valeur propre, demeure intacte. Et l'on a vu que la conscience, lorsqu'on n'en limite pas arbitrairement la portée, atteint l'être spirituel sous ses phénomènes.

La psychologie, entendue au sens profond du mot, constitue donc une véritable métaphysique ; et si le double problème de l'existence et de l'essence du moi peut être résolu, c'est seulement à l'aide de la méthode subjective, qui, encore une fois, se confond ici avec la méthode critique.

Il n'en saurait être de même pour la réalité extérieure. Hamilton prétend que « l'esprit et la matière sont donnés immédiatement dans leur corrélation et leur opposition, et par un seul et même acte de pensée [1]. » Mais si nous atteignions directement le monde matériel, comment expliquer les innombrables erreurs auxquelles sont exposés nos sens ? L'expression même de *conscience objective* n'implique-t-elle pas contradiction ? Le moi ne peut sortir de lui-même pour aller saisir dans les objets,

---

(1) Hamilton. — *Fragments philosophiques*. — Art. Reid et Brown. — (Trad. L. Peisse, p. 72).

leur nature intrinsèque : il lui faudrait pour cela s'identifier avec eux, chose manifestement impossible.

Dira-t-on qu'il y a, dans l'acte de la perception, comme un point de contact entre le sujet et l'objet, que la matière est, en quelque sorte, tangente à la conscience? C'est la très ingénieuse explication présentée par M. Bouillier, dans son livre sur *la Conscience* : « Il faut prendre garde, dit-il, qu'entre notre être propre et ce qui le limite, il y a un point de contact ou d'intersection, où se rencontrent à la fois le moi et le non moi, indissolublement unis dans l'être et dans la connaissance. Pareillement, la tangente se confond avec la circonférence, au point où elles se rencontrent, de telle sorte que ces deux lignes n'en font qu'une, et que la connaissance de l'une ne peut se séparer de la connaissance de l'autre [1]. »

Mais si, par hypothèse, nous ignorons ce qui est au delà de la limite commune au moi et au non-moi, celle-ci, quand nous en prendrons connaissance, nous apparaîtra uniquement *comme nôtre*, et nous n'aurons alors aucune notion d'une réalité étrangère. La circon-

[1] F. Bouillier. — *La Conscience en psychologie et en morale*, p. 100.

férence, si elle se percevait elle-même, ne considérerait jamais son contact avec la tangente que comme un point d'elle-même, et ne soupçonnerait pas l'existence de celle-ci.

La méthode critique n'aurait-elle pas plus d'efficacité pour résoudre ce problème, qui échappe à la compétence de la méthode subjective ?

La pensée, outre sa *forme* propre, enveloppe une *matière,* qui ne dérive pas, semble-t-il, du sujet. Il est possible que nulle donnée de l'expérience externe, même celle de la *résistance,* n'implique l'objectivité. Mais si aucune sensation ne suffit à nous garantir l'existence de la nature, peut-être en est-il autrement de la connaissance sensible envisagée en elle-même et comme mode distinct de la pensée. La critique doit rendre compte du point de vue de l'*objet,* aussi bien que de celui de l'*absolu.* Si le premier est irréductible au sujet pur, n'est-on pas en droit d'en conclure la réalité de l'univers ? Au lieu donc de dire, avec l'idéalisme, que le monde existe parce que nous pensons en général, il faudrait dire qu'il existe, parce que nous pensons d'une certaine manière, inintelligible dans l'hypothèse de sa non-réalité.

Ainsi, ce serait encore l'analyse de la pensée, envisagée dans ses éléments essentiels et sous ses divers aspects qui permettrait d'établir l'extériorité des choses.

« Une existence n'est *objective* pour nous, dit avec profondeur M. Lachelier, que si elle nous est donnée en elle-même, et elle ne peut nous être donnée en elle-même, que si elle jaillit en quelque sorte du sein même de la nôtre [1]. »

Si la réalité distincte de l'univers est démontrable par la méthode critique, son essence peut-elle être déterminée de la même manière ?

Toute intuition prétendue de la nature intime des choses doit être réputée illusoire, après une analyse exacte de la portée des sens et de la raison. Les premiers, on l'a vu, ne fournissent à la pensée qu'une *matière* toute phénoménale, et la seconde, la *forme* vide de l'absolu. Quant à la conscience, limitée au sujet, elle est évidemment impuissante à révéler une essence objective quelconque. Concevoir tous les êtres de l'univers sur le type du moi, ce serait ériger en point de vue définitif le point de vue intérieur. Par quel privilège l'expérience intime serait-elle investie d'une valeur universelle ? Serait-ce pour satisfaire au besoin d'unité de la raison ? Mais un tel résultat

---

[1] Lachelier. — *Du fondement de l'induction*, p. 60.

serait aussi bien atteint par le matérialisme que par l'idéalisme. Si le passage du mouvement à la pensée est incompréhensible, la réduction des propriétés physiques à des éléments purement psychologiques n'est pas plus intelligible.

Nous sommes ici en face d'une antinomie qui paraît insoluble à la critique ; et ce n'est point par une suppression violente et arbitraire, par une immolation de la matière à l'esprit ou de l'esprit à la matière, qu'une pareille difficulté pourra jamais être tranchée.

Mais pourquoi la métaphysique ne s'arrêterait-elle pas, comme la science, devant l'irréductible ? Si la raison est obligée de s'en tenir à une détermination toute *formelle et symbolique* de l'absolu, peut-être, au point de vue cosmologique, doit-elle se contenter d'établir l'existence réelle du monde, sans chercher à en pénétrer la nature intime.

La pensée, rencontrant des choses distinctes d'elle-même, n'a pas le droit de leur imposer sa propre essence : tout au plus, peut-elle ordonner le mieux possible, à l'aide de ses concepts, cette matière brute de la connaissance. Lorsqu'aux phénomènes physiques la science substitue le mouvement, comme un symbole mathématique plus commode et plus maniable, elle n'outrepasse pas ses justes prérogatives. Ce symbolisme est aussi légitime que la représentation d'une courbe déterminée à l'aide d'une équation algébrique. Il en serait tout autrement, si l'on remplaçait cette équation par quelque donnée psychologique ou morale.

La raison, on l'a vu, peut et doit adopter la conception métaphysique qui lui paraît se rapprocher le plus de la pure essence de l'absolu, révélé seulement dans sa *forme*. Mais, quand il s'agit des choses, elle n'a pas la même liberté : celles-ci sont, en effet, données dans leur *matière*, et l'esprit, pour les connaître, est enchaîné à ses sensations. Toute définition de la nature, autre qu'une définition scientifique, risquerait, par suite, de convertir en une entité vide la réalité physique. C'est cette vérité que le positivisme a mise, de nos jours, dans une vive lumière.

De même que la méthode subjective peut seule résoudre la question de l'essence du moi, seule aussi la méthode objective a qualité pour déterminer les choses, non *en elles-mêmes*, mais *relativement* à nous. La définition qu'elle en donnera n'aura plus, il est vrai, un caractère métaphysique : qu'importe ? si elle est la seule réellement féconde et instructive. Il n'y a rien d'étonnant à ce que la matière ne nous soit pas connue, comme notre être propre, d'une manière adéquate. L'impuissance de la critique sur ce dernier point n'empêche pas d'ailleurs sa compétence sur le premier, l'existence du monde ; et ainsi, la cosmologie rationnelle revendique au moins l'un des deux problèmes que voudrait lui interdire la philosophie positive. Mais là doit se borner son étude. Au reste, l'impénétrabilité de la matière par l'esprit semble être la meilleure garantie de sa réalité. Kant ne déclarait-il pas, dans la première édition de la *Critique de la raison pure*, que, pour être *réaliste empirique*, il faut être *idéaliste transcendental ?* C'est peut-être en faisant à l'inconnaissable sa part nécessaire, qu'on augmentera l'étendue et la certitude du connaissable.

En abandonnant ainsi à la science l'univers des corps, la métaphysique conserve un domaine assez considérable, puisqu'elle règne en maîtresse dans le monde de l'esprit et de l'absolu.

« Peut-être les adversaires de la métaphysique consentiront-ils volontiers à un tel partage, persuadés qu'ils gardent pour eux le terrain solide de la réalité, et qu'ils n'abandonnent aux philosophes que la région incertaine des nuages : aveugles qui ne voient pas que les phénomènes ne sont, comme leur nom même l'indique, que des apparences ; que les êtres finis ne sont eux-mêmes que des *demi-êtres*, des êtres en voie de se faire, et que la pleine réalité ne se trouve que dans l'être infini, qui est déjà tout ce qu'il peut être, et ce que le reste s'efforce en vain de devenir [1]. »

---

[1] Lachelier. — *Revue de l'Instruction publique*, (23 juin 1864). — Étude critique sur le livre de M. Caro : *De l'idée de Dieu.*

CHAPITRE VII

CONCLUSION

Importance particulière de la méthode en métaphysique. — Une entente préalable des philosophes sur leurs procédés de recherche peut seule préparer la conciliation des doctrines non contradictoires ou le triomphe d'un système définitif. — Efforts tentés en ce sens par les métaphysiciens modernes. — Impuissance de l'*éclectisme* à conférer à la science de l'être une véritable unité. — L'originalité philosophique consiste peut-être moins à *trouver* qu'à *prouver*.

Malgré tant d'efforts répétés pour fixer dans ses voies véritables la métaphysique, elle est demeurée le champ d'une controverse infinie : rien d'arrêté, rien de définitivement acquis dans cette prétendue science maîtresse, toile de Pénélope toujours défaite et toujours à refaire. Si la raison ne conservait aucune espérance d'éclaircir ce chaos de systèmes contradictoires, de mettre fin à ces éternelles discussions, on pourrait dire avec

Pascal que « toute la philosophie ne vaut pas une heure de peine. »

L'ambition de faire succéder à cette longue anarchie l'ordre qui depuis deux siècles règne dans la science, a été la pensée constante et sera la gloire de la philosophie moderne. Après la période d'invention plus ou moins désordonnée, est venue une ère de critique et en même temps d'organisation, qui, commençant à la réforme de Descartes, a abouti à celle de Kant.

C'est d'ailleurs par des moyens assez différents que cette constitution définitive de la métaphysique a été tentée par les diverses écoles.

Le premier essai en ce genre fut l'introduction directe dans la spéculation des procédés auxquels la science avait été redevable de ses merveilleuses conquêtes. Ce fut l'entreprise originale de Descartes, dans son *Projet d'une science universelle, qui puisse élever notre nature au plus haut degré de perfection* [1].

La toute-puissance de la méthode mathématique perfectionnée par son génie, devait, suivant lui, servir à retrouver et à démontrer avec certitude tout ce qui, dans l'œuvre du passé, méritait

---

[1] Premier titre projeté du *Discours de la Méthode*.

de demeurer. Le philosophe n'avait même pas à savoir « s'il y avait eu des hommes avant lui », et c'était pour lui une moindre peine de reconstruire toutes les sciences à l'aide de la vraie méthode, que d'en cultiver une seule séparément [1].

On sait que cette grande espérance fut trompée, et que la métaphysique ne put être définitivement organisée par la vertu souveraine des procédés mathématiques. Leur caractère tout abstrait permit à Spinoza de les appliquer à la démonstration du *panthéisme*, avec une rigueur que n'avait pas connue Descartes dans l'exposition du *spiritualisme* : l'*idéalisme*, le *réalisme*, le *mysticisme* furent tour à tour prouvés *more geometrico*, et la contradiction des systèmes reparut au sein de l'école cartésienne, signe manifeste que le *novum organum* de la philosophie était encore à découvrir.

Cependant les sciences expérimentales faisaient de jour en jour de nouveaux progrès, et commençaient à rivaliser de certitude avec les sciences exactes. Il était naturel de croire que leur méthode aurait plus d'efficacité que celle des mathématiques pour réformer la philosophie.

---

[1] *Règles pour la direction de l'esprit.* (Règle I).

La métaphysique, de déductive qu'elle était dans l'école de Descartes, devint inductive dans celle de Locke. Elle dut, comme la physique, débuter par une exacte observation des phénomènes, classer les états et les facultés de l'âme et en déterminer les lois, bref, prendre en tout pour modèles les sciences expérimentales. Mais il faut croire que les faits du monde moral sont d'une nature à part ; car les patientes études de l'idéologie française, les minutieuses analyses de la psychologie écossaise ou anglaise n'aboutirent encore qu'à une restauration plus ou moins complète des systèmes du passé : le *spiritualisme* timide de Condillac, le *matérialisme phénoméniste* de Comte, l'*idéalisme empirique* de Stuart Mill, le *réalisme métaphysique* de M. H. Spencer se réclament tous, plus ou moins, de la méthode expérimentale préconisée au dix-huitième siècle.

Cette incompétence avérée des procédés scientifiques suggéra sans doute à l'éclectisme l'idée de rechercher, non plus dans la *forme*, mais dans la *matière* de la connaissance philosophique l'unité tant désirée. Il se proposa d'abord de découvrir es secrètes affinités des doctrines entre elles, puis de rapprocher, à l'aide d'un nombre suffisant d'intermédiaires, celles même qui semblaient s'exclure : ainsi devait s'opérer l'universelle conciliation des systèmes [1].

Le métaphysicien prendrait son bien partout où il le trouverait, l'erreur elle-même renfermant toujours une part de vérité, qui la fait admettre provisoirement. Le vrai, n'est-il pas, en effet, à lui-même sa propre garantie, *verum index sui* ? et ne suffit-il pas qu'il se montre pour entraîner immédiatement l'adhésion de l'esprit ? De deux théories la plus parfaite est toujours celle qui met le plus d'unité dans le plus grand nombre d'idées. Aussi, Leibnitz déclare-t-il expressément « que les systèmes sont vrais dans ce qu'ils affirment, faux seulement dans ce qu'ils nient [2]. »

---

[1] La même méthode de conciliation est encore proposée par M. Fouillée, dans son *Histoire de la philosophie*. On cherchera, dit-il, *des moyens termes entre les idées opposées* pour les rapprocher. Par exemple, n'y a-t-il pas un moyen terme que peuvent et doivent accepter en commun ceux qui nient comme ceux qui affirment notre libre arbitre ? C'est l'*idée* de notre liberté, qui, lorsque nous nous appuyons sur elle, finit par nous conférer à l'égard de nos passions un pouvoir analogue à la liberté même. Cette idée, commune aux partisans de la fatalité et du libre arbitre, offre un premier moyen de rapprochement. D'autres intermédiaires, comme le *désir* de la liberté, pourront les rapprocher encore plus. On intercalera ainsi le plus grand nombre possible de ces moyens termes, afin de réduire progressivement l'écart des doctrines. Par cette méthode, on arrive à combiner entre eux les systèmes, et à les superposer comme les parties diverses d'un même édifice. » *Histoire de la philosophie*. (Préface, p. X).

[2] « J'ai été frappé d'un nouveau système qui paraît allier Platon avec Démocrite, Aristote avec Descartes, les scolastiques avec les modernes, la théologie et la morale avec la raison. Il semble

Cette conception de l'école éclectique trahit l'inspiration évidente de la métaphysique hégélienne, pour laquelle la vérité est la somme des moments que traverse la Pensée absolue. Chaque doctrine contenant, par hypothèse, quelques rayons épars et brisés de cette éternelle vérité, il ne s'agissait, pour organiser définitivement la philosophie, que de faire converger en un faisceau unique toutes ces lumières isolées.

« L'éclectisme, dit M. Janet, commentant une leçon de V. Cousin, venait proposer à toutes les écoles un traité de paix. Puisque l'esprit exclusif avait si mal réussi, il fallait essayer de l'esprit de conciliation. L'éclectisme d'ailleurs n'est pas le syncrétisme, qui rapproche forcément des doctrines contraires : c'est un choix éclairé qui, dans toutes les doctrines, emprunte ce qu'elles ont de commun et de vrai, et néglige ce qu'elles ont d'opposé et de faux. C'est l'esprit éclec-

---

qu'il prend le meilleur de tous côtés, et qu'après il va plus loin qu'on n'est allé encore.... La vérité est plus répandue qu'on ne pense ; mais elle est très souvent fardée et très souvent aussi enveloppée et même affaiblie, mutilée, corrompue par des additions qui la gâtent ou la rendent moins utile. En faisant remarquer ces traces de la vérité dans les anciens, ou, pour parler plus généralement, dans les antérieurs, on tirerait l'or de la boue, le diamant de la mine et la lumière des ténèbres, et ce serait, en effet, *perennis quædam philosophia*. — *Nouveaux essais*. (Edit. Erdmann, Liv. I, chap. I, p. 20.)

tique, qui est l'esprit des sciences positives, c'est lui qui les a créées et les a fait grandir. Unité de méthode, diversité de recherches et de théories, triage parmi ces théories de ce qui est solide et juste, liaison de toutes ces parties de vérité les unes avec les autres : voilà ce qui a fait le succès des sciences physiques. Pourquoi la philosophie n'a-t-elle pas fait des progrès égaux ? Que lui a-t-il manqué ? D'avoir su tolérer les dissidences apparentes pour en tirer les vérités communes, en un mot, d'avoir bien entendu ses véritables intérêts [1]. »

Par malheur, il arrive souvent en métaphysique, comme en physique, que deux clartés émanées de sources lumineuses distinctes produisent de l'obscurité. Les grands systèmes sont non seulement différents, mais exclusifs les uns des autres. Ils renferment certaines négations essentielles inséparables de leurs affirmations fondamentales. Serait-il légitime, par exemple, de maintenir, en face de la matière, dont le matérialisme proclame l'unique réalité, l'existence d'un sujet distinct et immatériel ? Pourrait-on, sans violer le principe de contradiction, combiner le réalisme

---

[1] P. Janet. — *Victor Cousin et son œuvre philosophique.* — (Revue des Deux-Mondes du 15 janvier 1884).

avec l'idéalisme, ou la doctrine panthéistique de l'unité de substance avec la théorie spiritualiste de l'individualité des êtres ? Réclamer de chaque système une concession qui est l'abandon de son propre principe, n'est-ce pas procéder par suppression, plutôt que par conciliation ; n'est-ce pas substituer à la diversité parfois encombrante des conceptions philosophiques le vide et le néant, ou le triomphe de quelque doctrine préconçue ? On pourrait appliquer à cette pacification violente de la métaphysique le mot de Tacite : *Ubi solitudinem faciunt pacem appellant* ! Il faut renvoyer ces conciliations à outrance à l'hégélianisme, qui proclame l'égale vérité des contradictoires et ne craint pas d'identifier l'être avec le néant.

En réalité, l'éclectisme évita toujours de tels excès. Il eut la prétention de faire un choix entre les systèmes ; et, après avoir vu un instant dans le panthéisme la vérité métaphysique, il se rallia hautement au spiritualisme. Mais, pour justifier ses préférences, un *criterium* lui était nécessaire. Sous l'inspiration de l'école Écossaise, il le demanda tantôt au sens commun, tantôt à la psychologie [1].

---

[1] « Le genre humain ne va pas d'un côté et la philosophie de l'autre. La philosophie est l'interprète du genre humain. Ce que celui-ci croit et pense, souvent à son insu, la philosophie le recueille, l'explique, l'établit. — » V. Cousin. — *Du vrai, du beau et du bien*, p. 259.

Mais l'insuffisance de ce double *criterium* ne devait pas tarder à apparaître. Ce qu'on appelle le sens commun, est, en effet, chose assez mal définie : on l'invoque à l'appui des thèses les plus opposées ; tour à tour sceptique et dogmatique, spiritualiste et matérialiste, croyant et athée, son autorité philosophique n'est guère plus grande que sa valeur scientifique.

Tous ceux qui ont apporté au monde des vérités nouvelles, Socrate, Galilée, Descartes, Newton, Leibnitz, Kant, ont plus ou moins froissé les opinions de leurs contemporains. Il faut cependant convenir, « que la pluralité des voix n'est pas une preuve qui vaille pour les vérités un peu malaisées à découvrir, à cause qu'il est bien plus vraisemblable qu'un homme seul les ait rencontrées que tout un peuple. [1]. »

L'évidente faiblesse d'un tel moyen de contrôle amena l'école éclectique à chercher dans la psychologie la règle de la vérité métaphysique. La découverte et l'énumération complète de tous les éléments du moi, devaient permettre d'éprouver la valeur relative des divers systèmes ; connaissant les lois du développement de la pensée, il

---

[1] Descartes. — *Discours de la méthode* (2ᵉ partie).

devenait possible de diriger, grâce à elles, la marche de la spéculation. « Ne nous lassons pas, disait Cousin, de l'*expérience psychologique* ; attachons-nous fidèlement à elle ; elle a ses longueurs, mais elle nous place d'abord et longtemps elle nous retient à la source de toute réalité et de toute lumière [1]. »

Cette appréciation des doctrines d'après leur conformité ou leur désaccord avec la nature de l'âme et ses besoins, était certainement plus légitime que les appels les plus éloquents au sens commun. Pourtant, c'était là encore un procédé de vérification très imparfait. Avant d'introduire à l'aide de la psychologie l'unité en métaphysique, il eût fallu commencer par fixer la psychologie elle-même, par accorder entre eux les empiristes et les rationalistes, les déterministes et les partisans du libre arbitre. N'existe-t-il pas une psychologie *anglaise* et une psychologie *française*, dont les résultats généraux ne diffèrent pas moins que les méthodes ? Quelque étroite que soit la parenté de la psychologie et de l'ontologie, la première n'a aucune qualité pour juger la seconde.

L'éclectisme, fondé soit sur l'autorité du sens commun, soit sur l'observation psychologique,

---

[1] V. Cousin. — *Du vrai, du beau et du bien,* p. 259.

était donc un insuffisant remède aux éternels débats de la métaphysique. Aussi, ne parvint-il qu'à rouvrir le champ de la controverse, comme la la réforme mathématique de Descartes, et l'empirisme philosophique du dix-huitième siècle.

Si cependant une constitution régulière de la métaphysique est jamais possible, il semble que ce doive être grâce à une méthode propre, adoptée en commun par tous les métaphysiciens. Cette question domine toutes les autres : tant que les efforts de la raison pour résoudre le problème de l'être ne convergeront pas vers un même but, comment l'unité pourrait-elle exister entre les doctrines ?

Ferrier compare assez plaisamment les philosophes, isolés dans leur point de vue personnel, à des joueurs, qui, se livrant à des jeux différents, s'imagineraient néanmoins avoir gagné chacun de leur côté. « Il n'est pas, dit-il, une seule discussion philosophique, où les adversaires fassent la même partie. Tandis que l'un joue aux échecs, un autre joue contre lui au billard ; quelle que soit alors la victoire remportée ou la défaite essuyée, c'est toujours comme un joueur de billard qui se flatterait d'avoir gagné un partenaire jouant aux échecs ou réciproquement. [1] »

« La raison humaine, dit M. Janet, ne serait qu'une immense folie, si elle n'était capable que d'enfanter ainsi des conceptions contradictoires, se détruisant sans cesse l'une l'autre et entassant ruines sur ruines [2]. »

Comment donc introduire l'ordre dans ce chaos de systèmes, si ce n'est par la rigueur et la précision des procédés de recherche?

Aussi, le problème de la méthode a-t-il été la préoccupation constante de la pensée moderne. Au dix-septième siècle seulement, que de traités sur cette seule question ! Le *Novum Organum* de Bacon, le *Discours de la méthode* de Descartes, l'*Art de persuader* de Pascal, la *Logique* de Port-Royal, la *Recherche de la vérité* de Malebranche, les *Regulæ philosophandi* de Newton. Ce n'est ni par l'abondance des vues, ni par la nouveauté des systèmes que la philosophie moderne peut prétendre l'emporter sur la philosophie

---

[1] « There is not a single controversy in philosophy, in which the antagonists are playing as the same game. The one is playing at chess, his adversary is playing against him at billiards ; and whenever a victory is achieved, or a defeat sustained, it is always such a victory as a billiard-player might be supposed to gain over a chess-player, or such a defeat as a billiard-player might be supposed to sustain at the hands of a chess-player.— *Institutes of metaphysic*. London, 2ᵉ Edit. (p. 8).

[2] P. Janet. *Victor Cousin et son œuvre philosophique*. (Art. cité).

antique. De combien d'idées Descartes et Malebranche ne sont-ils pas redevables à Platon ! Quelles inspirations Leibnitz n'a-t-il pas puisées dans Aristote, et Spinoza dans le panthéisme Alexandrin ! Où donc est la véritable originalité de tous ces penseurs, sinon dans la nouveauté de leurs méthodes ?

La fécondité de l'esprit moderne s'est surtout révélée dans l'invention de procédés d'étude inconnus, ou dans l'application à de nouveaux objets des procédés déjà en usage. C'est ainsi que Galilée et Descartes ont traité *mathématiquement* les problèmes physiques ; que l'*expérimentation*, d'abord bannie par Cuvier des sciences de la vie, est devenue pour elles le plus puissant instrument de progrès. N'est-ce pas le même mouvement qui se continue, de nos jours, dans l'entreprise plus ou moins heureuse de l'école psycho-physiologique, pour soumettre à la mesure et au calcul les faits intimes eux-mêmes ?

Ainsi, des deux éléments, *matière* et *forme*, qui constituent toute science et toute philosophie, c'est au second que les modernes attribuent le plus d'importance : la dissociation de ces deux facteurs de la connaissance se marque de plus en plus, à mesure que le point de vue subjectif tend à prendre la première place en métaphysique. On pourrait dire que les anciens ont proposé toutes les solutions possibles du problème de l'être, entre lesquelles les modernes ont choisi ou choisiront à la lumière de la méthode.

Si, grâce au perfectionnement de leurs procédés de recherche, les sciences positives sont parvenues à se constituer et à se développer régulièrement, n'en peut-il être de même, un jour ou l'autre, de la métaphysique? Pourquoi n'entrerait-elle pas, à son tour, dans cette *grande route de la science,* dont parle Kant? Ne pas désespérer de la philosophie, a-t-on dit, est « la dernière faiblesse des nobles âmes [1]. » Mais que prouve pour l'avenir l'insuccès des diverses réformes méthodiques tentées jusqu'ici? Il y a deux siècles seulement, toutes les sciences, la logique et les mathématiques exceptées, n'offraient-elles pas le spectacle d'une anarchie comparable à celle qui règne en métaphysique ? La chimie a trouvé sa véritable route, il y a cent ans à peine, et la biologie ne s'est constituée que de nos jours à l'état positif.

La méthode, au dire de M. Pasteur, est *l'âme*

---

[1] Hamilton. — *Fragments philosophiques.* — Trad. L. Peisse (p. 54).

de la science : combien cela est plus vrai de la métaphysique ! Œuvre de réflexion pure, elle est exposée à errer plus encore que la science, dont les résultats sont soumis au contrôle obligé de l'expérience. La nature semble souvent déjouer, comme à plaisir, les plus profonds calculs et les plus belles hypothèses. C'est au dur contact de la réalité qu'est éprouvée la vérité des théories scientifiques, et c'est le cours même des choses, indépendant de celui de la pensée, qui, brutalement parfois, se charge de les réfuter.

Ce *criterium,* qu'il est permis d'appeler *objectif,* cette garantie fournie par une *expérience bilatérale,* comme la nomme Littré, fait absolument défaut pour la spéculation toujours prête à s'enchanter d'elle-même. Là, aucune vérification réelle n'est possible, l'objet étant, par hypothèse, situé au delà de toute expérience. La métaphysique ressemble en cela aux mathématiques, qui n'ont pas affaire au monde sensible. Encore, parmi une infinité de combinaisons numériques ou algébriques théoriquement possibles, en est-il plus d'une qui, pratiquement, se trouve réalisée. Rien de pareil pour la science de l'être. D'où peut-elle donc attendre sa certitude, si ce n'est de la rigueur et de la légitimité de ses procédés ? La raison doit faire elle-même la preuve de ses opérations, qu'aucune observation ne saurait confirmer ni contredire.

Dans la science positive, c'est la *matière* de la connaissance qui est inépuisable : l'esprit se lasse plutôt de chercher, que la nature de fournir à ses investigations. En métaphysique, le champ d'exploration est au contraire très limité, sinon en lui-même, au moins pour ce qu'il nous est donné d'en apercevoir. Il se peut qu'il ait été largement moissonné par le génie des Platon, des Aristote, des Descartes, des Spinoza, des Leibnitz, et qu'il ne reste plus pour les derniers venus qu'une assez maigre récolte.

S'ensuit-il donc que la raison soit désormais condamnée à répéter avec résignation le « *Tout a été dit* » de La Bruyère ? Pour qu'elle en fût réduite à cette extrémité, il faudrait que la nouveauté des doctrines fût la seule mesure de l'originalité philosophique : c'est alors que l'accusation d'immobilité, dirigée par les positivistes contre la métaphysique, serait justifiée. Mais la situation de la science de l'être n'est pas aussi désespérée. Poser sous une forme imprévue les grandes questions qui seront l'éternel tourment de la pensée humaine, justifier par de plus solides arguments les solutions dès longtemps découvertes, n'est-ce pas un progrès qui en vaut bien un autre ; et lorsqu'il s'agit de science pure, la certitude n'est-elle pas préférable à l'étendue, achetée au prix de la confusion ?

Ritter, dans son *Histoire de la philosophie moderne*, a prétendu déprécier l'œuvre de Descartes, en s'attachant à démontrer que ses doctrines ne sont guère nouvelles et qu'on en retrouve les divers éléments dans les systèmes anciens [1]. C'est méconnaître à plaisir le caractère propre et le véritable mérite de la philosophie cartésienne. Descartes lui-même ne limite-t-il pas, trop modestement sans doute, l'originalité de sa réforme à la méthode, déclarant reprendre volon-

---

[1] « Si nous passons en revue les diverses parties de sa philosophie, nous y trouvons peu de choses *nouvelles* ; elles se composent, pour la plus grande partie, d'idées qui de son temps même ne pouvaient plus passer pour nouvelles. — Les preuves de l'existence de Dieu sont une vieille propriété de l'école théologique ; il ne les a pas entourées d'une nouvelle lumière. S'il a attribué à la preuve ontologique plus de valeur qu'on ne lui en attribuait ordinairement, on ne lui en fera pas un mérite. Son principe : *Je pense, donc je suis*, n'était jamais tombé dans l'oubli, depuis que saint Augustin l'avait posé à l'entrée de la science... Il n'y a rien de nouveau non plus dans les raisonnements par lesquels il passe de la limitation de notre pensée et de la véracité de Dieu à l'existence réelle du monde extérieur et corporel... A considérer combien peu il a émis d'*idées nouvelles* et qui se puissent soutenir, on éprouve quelque embarras à expliquer d'où est venu l'immense succès de sa doctrine. »
Ritter. — *Histoire de la philosophie moderne.* — Trad. Tissot. — (T. I, p. 84)

tiers les idées des autres, après qu'il les « a ajustées au niveau de sa raison [1] ? »

Pascal est assurément plus équitable, lorsqu'il compare l'importance du *Cogito* dans le *Discours de la méthode* à la valeur de la même formule dans les ouvrages de saint Augustin : « En vérité, je suis bien éloigné de dire que Descartes n'en soit pas le véritable auteur, quand même il ne l'aurait appris que dans la lecture de ce grand saint. Car je sais combien il y a de différence entre écrire un mot à l'aventure, sans y faire réflexion plus longue et plus étendue, et apercevoir dans ce mot une suite admirable de conséquences, qui prouve la distinction des natures matérielle et spirituelle, et en faire un principe ferme et soutenu d'une physique entière [2]. »

Il en est un peu de la métaphysique comme de l'art : les mêmes sujets y reparaissent éternellement ; ce qui importe, c'est la manière

---

[1] « Pour moi, je n'ai jamais présumé que mon esprit fût en rien plus parfait que ceux du commun... Mais je ne craindrai pas de dire que j'ai eu beaucoup d'heur de m'être rencontré dès ma jeunesse en certains chemins, qui m'ont conduit à des considérations et des maximes *dont j'ai formé une méthode,* par laquelle il me semble que j'ai moyen d'augmenter par degrés ma connaissance, et de l'élever peu à peu au plus haut point auquel la médiocrité de mon esprit et la courte durée de ma vie lui pourront permettre d'atteindre. » — *Discours de la méthode.* (I^e partie).

[2] Pascal. — *De l'esprit géométrique.* Édit. Havet, Paris 1852. (p. 470).

dont ils sont traités. Sans prétendre qu'en philosophie on n'*invente* que des erreurs, on peut dire qu'une position originale des problèmes, l'introduction dans leurs solutions de facteurs jusque-là négligés, est la tâche par excellence de la pensée spéculative. Certes, la vérité demeure distincte des procédés par lesquels elle a été obtenue : à mesure pourtant qu'on s'élève dans le domaine du vrai, aussi bien que dans celui du beau, n'est-ce pas la supériorité de la *forme,* plus que la nouveauté de la *matière,* qui donne aux œuvres tout leur prix ?

En aucun cas, d'ailleurs, il ne peut être question d'attribuer à la méthode philosophique, quand même elle serait fixée, une puissance créatrice. C'est une illusion toute scolastique de croire qu'il existe des recettes infaillibles pour trouver la vérité. Autant vaudrait la demander, comme le docteur Faust, à la magie [1], ou, comme Raymond Lulle, à une machine, résolvant automatiquement tous les problèmes possibles, par des combinaisons de syllogismes. Dans la métaphysique, pas plus que

---

[1] *Drum hab'ich mich der Magie ergeben,*
Ob mir durch Geistes Kraft und Mund
Nicht manch Geheimniss würde kund !
« Je me suis donc adonné à la magie, pour voir si par la puissance de l'esprit et de la parole, il est possible d'atteindre la science véritable. » — Faust (Ire partie, sc. 1re)

dans l'art, on n'apprend à inventer, et telle n'est pas la vertu propre des règles. Mais, si elles n'enseignent pas à créer, elles servent à diriger et à juger les créations spontanées du génie. Toute méthode est ainsi moins un procédé de découverte, qu'un *criterium* de vérification.

Il semble que Kant ne soit pas très éloigné de cette manière de voir, lorsqu'il assigne pour but suprême à la raison de justifier, de *fonder en droit* [1] les conceptions philosophiques. — Descartes compare, dans le même esprit, les grandes vérités métaphysiques « à ces antiques familles, qui sont reconnues de chacun pour très illustres, bien que tous leurs titres de noblesse soient enfouis dans le passé. Je ne doute pas, dit-il, que les premiers qui ont introduit dans l'humanité ces nobles croyances ne les aient appuyées sur de solides démonstrations ; mais celles-ci ont été depuis si rarement reproduites, qu'il n'est personne aujourd'hui qui les sache [2]. »

Ainsi, découvrir les titres d'une vérité philosophique, éternelle comme la raison dont elle émane, mais qui a sans cesse besoin d'être

---

[1] *Begründen*. — Voir *Critique de la raison pure*. Préface de la seconde édition. (Trad. Barni, p. 39.)
[2] *Inquisitio veritatis per lumen naturale*. § 17.

accommodée aux transformations de la pensée humaine, sans cesse retournée sous toutes ses faces, repourvue de toutes ses armes, établie par des procédés de plus en plus rigoureux : telle paraît devoir être dans l'avenir la tâche essentielle de la métaphysique, si elle est destinée à sortir jamais de cette anarchie séculaire produite par la contradiction des systèmes.

« Pendant que nous passions notre temps, en France, à démontrer que *la psychologie est possible*, dit un éminent critique [1], les Anglais l'ont faite. »

Il se peut que ce jugement, qui sacrifie la *forme* à la *matière* de la connaissance, soit exact pour la science positive et la psychologie : appliqué à la métaphysique, il serait, croyons-nous, le contraire du vrai.

A ceux qui le blâmaient de s'attarder aux questions de méthode, au lieu d'aborder directement la science philosophique, Jouffroy répondait : « Quand bien même quelques vies de philosophes se consumeraient à cette tâche ce ne serait pas trop, et il ne faudrait pas les regretter si ce but était atteint [2]. »

---

(1) Ch. de Rémusat, cité par M. Ribot (*Leçon d'ouverture à la Sorbonne*, Décembre 1885).

(2) Jouffroy. — Trad. des *Œuvres de Reid* (Préface, p. 227).

Si nous avions réussi à mettre en lumière la vérité de cette réflexion, en ce qui concerne la métaphysique, nous ne croirions pas tout à fait inutile le présent travail.

APPENDICE I

Voici l'intéressante analyse de l'amour qu'on trouve dans les *Principes de psychologie* de M. H. Spencer :

« D'ordinaire, dit-il, quoique bien à tort, on parle de l'amour comme d'un sentiment simple, tandis qu'en fait, c'est le plus composé, et par conséquent le plus puissant de tous les sentiments. Aux éléments purement physiques qu'il renferme, il faut ajouter d'abord ces impressions très complexes produites par la beauté d'une personne, et autour desquelles sont groupées un grand nombre d'idées agréables qui en elles-mêmes ne constituent pas le sentiment de l'amour, mais qui ont une relation organique avec ce sentiment. A cela s'ajoute le sentiment complexe que nous nommons *affection*, — sentiment qui, pouvant exister entre des personnes du même sexe, doit être regardé en lui-même comme un sentiment indépendant, mais qui atteint sa plus haute activité entre des amants. Il y a aussi le sentiment *d'admiration*, respect ou vénération, qui, dans le cas actuel, devient actif à un très haut degré. A cela, il faut ajouter le sentiment que les phrénologistes ont appelé *amour de l'approbation*. Quand on se voit préféré à tout le monde, et cela par quelqu'un qu'on admire plus que tous les autres, l'amour de l'approbation est satisfait à un degré qui dépasse toutes les expériences antérieures, spécialement lorsqu'à cette satisfaction directe, il faut joindre la satisfaction indirecte qui résulte de ce que cette préférence est attestée par des indifférents. De plus, il y a aussi un sentiment voisin du précédent, celui de l'*estime de soi*. Avoir réussi à gagner un tel attachement de la part d'un autre, le dominer, c'est une preuve pratique de puissance, de supériorité, qui ne peut manquer d'exciter agréablement « l'amour-propre ». De plus, le sentiment de la possession a sa part dans l'activité générale, il y a un plaisir de possession ; les deux amants s'appartiennent l'un à l'autre, se réclament mutuellement comme une espèce de propriété. En sus, dans le sentiment de l'amour est impliquée une grande liberté d'action. A l'égard des autres personnes, notre conduite doit être contenue ; car autour de chacun il y a certaines limites délicates qu'on ne peut dépasser, — il y a une individualité dans laquelle nul ne peut pénétrer. Mais dans le cas actuel, les barrières sont renversées, le libre usage de l'individualité d'un autre nous est concédé, et ainsi est satisfait l'amour d'une activité sans limites. Finalement il y a une exaltation de la sympathie, le plaisir purement personnel est doublé en étant partagé avec un autre, et les plaisirs d'un autre sont ajoutés à nos plaisirs purement personnels. Ainsi, autour du sentiment physique, qui forme le noyau du tout, sont rassemblés les sentiments produits par la beauté personnelle, ceux qui constituent le simple attachement, le respect, l'amour de l'approbation, l'amour-propre, l'amour de la possession, l'amour de la liberté, la sympathie. Tous ces sentiments excités chacun au plus haut degré, et tendant chacun en particulier à réfléchir son excitation sur chaque autre, forment l'état psychique composé que nous appelons *amour*. Et comme chacun de ces sentiments est en lui-même très complexe, ou qu'il réunit une grande quantité d'états de conscience, nous pouvons dire que cette passion fond en un *agrégat immense* presque toutes les excitations élémentaires dont nous sommes capables, et que de là résulte son pouvoir irrésistible. » — H. Spencer. *Principes de psychologie*. (Trad. Ribot et Espinas, p. 528).

APPENDICE II

Les adversaires de la philosophie de l'Absolu, en Allemagne, Jacobi et Fr. Schlegel, entre autres, ont souvent signalé l'impuissance du dogmatisme rationaliste à franchir la sphère de l'abstraction. Tant que la pensée, observent-ils justement, demeure en tête-à-tête avec elle-même et que, par suite, rien ne vient entraver son essor, elle s'imagine naïvement avoir supprimé les bornes de la raison, qu'elle n'a fait que déplacer. Mais à peine s'aventure-t-elle hors de ce monde idéal de la spéculation, alors les êtres, si faciles à deviner dans leur essence abstraite, lui échappent soudain dans leur essence réelle, pour la laisser en présence d'ombres et de fantômes sans vie.

« Lorsque la raison, dit Fr. Schlegel, ne veut suivre qu'elle-même dans les voies de la pensée pure, elle s'embarrasse bientôt dans ses propres filets, au moment où elle cherche à approfondir le concept de l'absolu ; elle s'égare alors dans le labyrinthe d'une nécessité, d'où elle ne peut sortir sans un secours supérieur ; elle s'abîme dans un vide sans fond, et le concept de Cause première dégénère en celui d'une Substance nécessaire et impersonnelle, qu'on pourrait appeler l'*idole sans vie de la raison* [1]. »

Cette même idée, développée avec une grande puissance de dialectique, fait le fond d'une remarquable étude de M. Ch. Waddington sur la *Méthode du panthéisme.*

« Les panthéistes, dit le savant logicien, croient n'employer que la *raison*, et ils ne s'aperçoivent pas que leur procédé réel, quoique latent, est l'*abstraction*. Au moins, est-ce le seul qui puisse leur découvrir quelque chose qui ressemble à « l'unité de Dieu et du monde. »...

« Si l'abstraction consiste essentiellement à élaguer les différences des choses que l'on compare, pour ne considérer que leurs ressemblances ou caractères communs, il est incontestable que, logiquement, un tel procédé ne donne pas une réalité supérieure à celle qui s'observe, mais une réalité de plus en plus tronquée,

[1] Die Vernunft sich selbst allein folgend, auf dem Wege des reinen Denkens, verwikelt sich bei der Betrachtung dieses Begriffes unvermeidlich in die eigenen Schlingen, geräth in die Irrgänge einer ihr selbst ohne höhere Hulfe unauflöslichen Nothwendigkeit, verliert sich in den leeren Ungrund, und jener erhabene Begriff der ersten Ursache sinkt herab zu dem eines nothwendigen Wesens ohne Persönlichkeit, welches man den todten Abgot der Vernunft nennen Könnte. » Fr. Schlegel. — Ueber die Schrift *Von den Göttlichen Dingen und ihrer Offenbarung* (Jacobi's Werke, B. III, *Vorrede*, S. XXVIII. — Leipzig, 1816).

morte et vide. Tout logicien accordera que, livré à lui-même, ce procédé ne donne à sa plus haute puissance que l'*être en soi*, c'est-à-dire un pur néant. En effet, qu'y a-t-il de commun entre Dieu et le monde, le bien et le mal, l'esprit et la matière, le fini, l'infini, le nécessaire, le contingent, le passé, le présent, l'avenir, le vrai, le faux, le possible et l'impossible? Pour obtenir une idée assez générale et assez abstraite pour tout comprendre, il faut s'efforcer de concevoir quelque chose qui ne soit rien de tout cela et qui soit en même temps tout cela ; c'est cette notion qui constitue le genre suprême, c'est-à-dire, l'être en soi, dont on ne doit rien affirmer, puisqu'il n'est ni actuel, ni déterminé, mais qu'on doit affirmer de toutes choses, puisqu'il se réalise dans tout ce qui est. Voilà la seule *unité de Dieu et du monde* que l'esprit puisse concevoir : voilà l'*Un premier* dont tous les êtres sont des fractions ; voilà le principe absolu, inconditionnel qui n'est rien et qui est tout, qui comprend tout et à qui tout revient...

« Quiconque cherche par l'abstraction l'unité au-dessus des êtres réels, ne pourra pas ne pas aboutir à la notion de l'être en soi : réciproquement, quiconque admet comme unité suprême l'être en soi, a dû procéder, sciemment ou non, par l'abstraction, pour arriver à un tel résultat. Donc, le panthéisme a pour méthode indispensable l'*abstraction*...

« L'*être par soi* est l'être nécessaire, éternel, infini, dont l'existence est connue avec une certitude immédiate par la raison : c'est Dieu lui-même, cause suffisante du monde, parce qu'il est le Bien absolu et qu'il a en lui-même sa raison d'être. L'*être en soi* est le résultat le plus élevé de l'abstraction, procédant par la comparaison de tous les êtres réels et par une élimination graduelle de leurs caractères distinctifs et essentiels, c'est-à-dire de ce qui fait leur réalité. C'est le *genre* être, l'être absolument *indéterminé*, sans forme et sans qualité, et qui par conséquent n'est pas : car, pour être, il faut être quelque chose ; ce qui n'est rien n'est pas. L'*être en soi* n'est donc qu'un point de vue de notre esprit. Hors de là, il n'a aucune réalité positive : il est donc sans vertu pour expliquer quoi que ce soit, et l'on n'en peut rien faire sortir. » — Ch. Waddington. *Essais de logique.* (p. 430).

Mgr Maret, dans son *Essai sur le panthéisme,* dirigé particulièrement contre l'école éclectique, soutient avec beaucoup de talent cette thèse, que le *rationalisme* pur a toujours plus ou moins gravité vers le panthéisme.

APPENDICE III

Dans son dernier ouvrage, M. Vacherot essaie un peu subtilement de distinguer sa doctrine sur Dieu de la conception panthéistique. Il ne paraît pas y réussir complètement. M. Janet signale à bon droit le peu de consistance de sa pensée dans cette grave question :

« L'auteur du *Nouveau spiritualisme*, dit-il renonce expressément au *Dieu-progrès*, qui semblait bien être le fond de sa pensée dans son *École d'Alexandrie*. Sans doute, le progrès reste la loi du monde, le développement extérieur de Dieu ; mais Dieu lui-même, dans son essence et dans son fond, n'est pas un *devenir*: « Quelque arrêtée que soit ma pensée sur l'immanence, dit M. Vacherot, je n'aime pas qu'on vienne nous dire, avec Hégel et M. Renan, que *Dieu se fait*. Je ne trouve pas cette manière de parler correcte. Je consens bien à ne pas faire du Dieu vivant quelque chose d'*immuable* dans sa nature abstraite, reléguée au-delà de l'espace et du temps ; ce n'est pas une raison pour le soumettre à la catégorie du devenir comme ses œuvres. »

« Fort bien ! répond M. Janet, mais il nous semble que, dans ce passage, M. Vacherot ne saisit pas sa propre pensée d'une manière bien ferme et bien cohérente. Car enfin, de deux choses l'une : ou Dieu change, ou il ne change pas ; s'il ne change pas, il est immuable et en dehors de l'espace et du temps : c'est l'abstraction dont vous ne voulez pas ; mais s'il change, comment échapperait-il à la catégorie du devenir, et si la loi du changement est le progrès, il est rigoureusement exact de dire avec M. Renan : *Dieu se fait ;* avec Diderot : *Dieu sera peut-être un jour.* En un mot, de deux choses l'une : ou Dieu *est* ou il *se fait.* Si vous rejetez la seconde hypothèse, vous êtes inévitablement reporté vers la première. Sans doute, la loi du devenir pourra être la loi du *Deus explicitus,* de la *natura naturata ;* mais l'immutabilité, l'unité, et par là même la perfection, seront la loi de la *natura naturans,* et ce sera seulement cette *natura naturans* qui sera le véritable Dieu, quel que soit d'ailleurs le lien mystérieux qui l'unisse à sa représentation externe. » — *Le testament d'un philosophe.* Revue des Deux-Mondes (1ᵉʳ Juin 1885).

TABLE ANALYTIQUE

INTRODUCTION

IMPORTANCE ET NÉCESSITÉ DE LA MÉTAPHYSIQUE

La métaphysique est l'âme même de la philosophie. — Les écoles qui ont essayé de fonder, en dehors de toute ontologie expresse, la science philosophique, ne sont guère restées fidèles à leur dessein primitif. — Exemples tirés de l'histoire du positivisme, de l'école écossaise et du criticisme. — Intérêt d'une constitution définitive de la métaphysique au moyen de la méthode . . . . Page 1

CHAPITRE Ier

DÉFINITION ET DIVISIONS DE LA MÉTAPHYSIQUE

Difficultés d'une détermination historique de l'objet de la métaphysique. — Procédé d'élimination. — Les divers problèmes que la science laisse sans solution reviennent de droit à la métaphysique, qu'il convient de définir, avec Aristote, *la science de l'être en tant qu'être*. — Interprétation possible et légitime de cette antique définition . . . 19

CHAPITRE II

DE LA MÉTHODE OBJECTIVE

Méthode expérimentale

Forme expérimentale de la méthode objective. — Elle limite ses recherches à l'étude et à l'explication des *phénomènes*. — Double acception possible de ce mot. — Procédés *analytiques* et procédés *synthétiques* de la méthode expérimentale. — Caractère *objectif* des lois scientifiques. — Incompétence de cette méthode pour la solution du problème dernier de l'*être*. — La science ne saurait être légitimement convertie en métaphysique 36

CHAPITRE III

DE LA MÉTHODE OBJECTIVE (Suite)

Méthode mathématique

Autonomie des sciences exactes dans leur objet et dans leur méthode. — Procédés d'*analyse* et de *synthèse* en mathématiques. — Leur impuissance pour la solution des problèmes métaphysiques concernant le monde, le moi et l'absolu. — Enfermées dans l'*idéal* et le *possible*, les mathématiques ne sauraient pénétrer le *réel*. 83

CHAPITRE IV

DE LA MÉTHODE SUBJECTIVE

Orientation nouvelle de l'esprit rendue possible grâce à cette méthode. — Objections du positivisme contre la valeur scientifique du *point de vue intérieur*. — Procédés communs à la méthode *objective* et à la méthode *subjective*. — La seconde dépasse en portée la première, par la détermination des *qualités essentielles* du moi, dont, seule aussi, elle peut établir la *réalité*. — Mais tous les autres problèmes métaphysiques échappent à sa compétence. — Le *dynamisme psychologique* est le fruit naturel et légitime de l'application de cette méthode, comme l'*idéalisme* en représente l'excès possible 125

CHAPITRE V

DE LA MÉTHODE SPÉCULATIVE

Méthode dogmatique

Double forme de la méthode *a priori* ou spéculative: procédé *dogmatique* et procédé *critique*. — Ils se distinguent l'un de l'autre, en ce que le premier attribue à la raison pure une *intuition* propre. — En dehors du point de vue subjectif, il n'en existe d'autre que celui de l'*absolu*, dont le *panthéisme* représente l'exagération. — Caractère purement symbolique des procédés mis en œuvre par le dogmatisme pour constituer la science de l'être. 182

CHAPITRE VI
DE LA MÉTHODE SPÉCULATIVE (Suite)
Méthode critique

Définition du procédé critique, distinct à la fois de la méthode dogmatique et de la méthode subjective. — La métaphysique n'en a guère éprouvé jusqu'ici que la puissance destructive. — Sa valeur comme procédé de construction. — Analyse du concept de l'*absolu* dans Hamilton et dans M. H. Spencer. — L'antinomie du *parfait* et de l'*absolu* est-elle réelle ou artificielle ? — Possibilité d'une synthèse de ces deux notions, conduisant à une définition exacte, quoique toute *formelle*, du principe des choses. — Retour sur le *symbolisme* en métaphysique. — Application de la méthode critique aux problèmes non encore résolus de la science l'être 208

CHAPITRE VII
CONCLUSION

Importance particulière de la méthode en métaphysique. — Une entente préalable des philosophes sur leurs procédés de recherche peut seule préparer la conciliation des doctrines non contradictoires ou le triomphe d'un système définitif. — Efforts tentés en ce sens par les métaphysiciens modernes. — Impuissance de l'*éclectisme* à conférer à la métaphysique une réelle unité. — La véritable originalité philosophique consiste peut-être moins à *trouver* qu'à *prouver* 274

TABLE DES CHAPITRES

INTRODUCTION

Importance et nécessité de la métaphysique . . . . Page 1

CHAPITRE Ier

Définition et divisions de la métaphysique 19

CHAPITRE II

De la méthode objective. — *Méthode expérimentale* . . . 36

CHAPITRE III

De la méthode objective (suite). — *Méthode mathématique* 83

CHAPITRE IV

De la méthode subjective 125

CHAPITRE V

De la méthode spéculative. — *Méthode dogmatique* . . . 182

CHAPITRE VI

De la méthode spéculative (suite). — *Méthode critique* . . 208

CHAPITRE VII

Conclusion 274

TABLE DES CHAPITRES

Appendice I 297
Appendice II 299
Appendice III 303
Errata 310

ERRATA

PAGES

2	Note (1)	*au lieu de Philosophica*	*lisez:*	*Philosophia*
8	ligne 16	—	μῦ	— μὴ
16	— 25	—	que confirme	— que pour confirmer
22	Note (2)	—	I. p. 23	— T. I, p. 293
30	ligne 2	—	de leurs lois	— et de leurs lois
54	— 24	—	ne renfermât d'autres	— ne renfermât pas d'autres
74	Note (2)	—	p. 248	— p. 448
83	ligne 8	—	mathémathiques	— mathématiques
111	— 7	—	Phythagoriciens	— Pythagoriciens
123	— 7	—	*supprimez* la *après* est	
137	— 13	—	primitif	— primitif
148	— 9	—	plus nom	— plus le nom
165	— 13	—	contenaits	— contenait
175	— 4	—	être organisés	— êtres organisés
178	— 8	—	*erloschener*	— *erlœschte*
205	— 7	—	d'une même substance	— d'une substance
229	— 19	—	contente-il	— contente-t-il
239	Note (6)	—	*silicet*	— *scilicet*
243	ligne 19	—	ou de limiter	— ou venir limiter
248	— 2	—	des relatifs	— des êtres relatifs
256	— 6	—	au premier	— du premier
285	Note (1)	—	*as the*	— *at the*
289	titre	—	méthode	— conclusion

LIBRAIRIE FÉLIX ALCAN

RÉCENTES PUBLICATIONS

BALLET G., professeur agrégé à la Faculté de médecine. **Le Langage intérieur** et les diverses formes de l'aphasie. 1 vol. in-18 avec fig.   2 fr. 50

BEAUSSIRE Émile, de l'Institut. **Les Principes de la morale.** 1 vol. in-8. 5 fr.

BINET A. **La Psychologie du raisonnement**, expérience par l'hypnotisme. 1 vol. in-18.   2 fr. 50

CARRAU Ludovic, directeur des conférences de philosophie à la Sorbonne. **La Philosophie religieuse en Angleterre.** 1 vol. in-8.   7 fr. 50

Mme JULES FAVRE (née VELTEN). **La morale des stoïciens.** 1 v. in-12. 3 fr. 50

FÉRÉ Ch. **Sensation et mouvement.** Étude de psycho-mécanique, avec figures. 1 vol. in-18.   2 fr. 50

FONSEGRIVES. **Essai sur le libre arbitre.** Sa théorie, son histoire. 1 vol. in-8.   10 fr.

FRANCK A., de l'Institut. **Philosophie du droit pénal.** 2ᵉ édit. 1 v. in-18. 2 fr. 50

FRANCK Ad., de l'Institut. **Philosophie du droit civil.** 1 vol. in-8.   5 fr.

GAROFALO. **La Criminologie.** 1 vol. in-8. (Sous presse).

GUYAU. **L'Irréligion de l'avenir**, étude de sociologie. 1 vol. in-8. 2ᵉ édit. 7 fr. 50

HERBERT SPENCER. **Classification des sciences**, trad. de M. Cazelles. 2ᵉ éd. 1 vol. in-18.   2 fr. 50

— **L'Individu contre l'État**, traduit par M. Gerschel. 2ᵉ édit. 1 vol. in-18.   2 fr. 50

L. LIARD. **Des définitions géométriques et des définitions empiriques**, nouvelle édition, 1 vol. in-18.   2 fr. 50

LOMBROSO. **L'homme criminel** (criminel-né, fou-moral, épileptique). Étude anthropologique et médico-légale, précédée d'une préface de M. le docteur LETOURNEAU. 1 vol. in-8.   10 fr.

MOSSO. **La peur.** Étude psycho-physiologique, trad. de l'italien par F. Hément (avec figures). 1 vol. in-18.   2 fr. 50

PAULHAN. **Les Phénomènes affectifs et les lois de leur apparition.** Essai de psychologie générale. 1 vol. in-18.   2 fr. 50

PREYER. **L'Ame de l'enfant.** Observations sur le développement psychique des premières années. 1 vol., traduit de l'allemand par M. H. C. de Varigny, 1 vol. in-8.   10 fr.

RIBOT Th. direct. de la REVUE PHILOSOPHIQUE. **La Philosophie de Schopenhauer.** 2ᵉ édit. 1 vol. in-18   2 fr. 50

RIBOT Th. **Les Maladies de la mémoire.** 4ᵉ édit. 1 vol. in-18.   2 fr. 50

— **Les Maladies de la volonté.** 4ᵉ édit. 1 vol. in-18.   2 fr. 50

— **Les Maladies de la personnalité.** 2ᵉ édit. 1 vol. in-18.   2 fr. 50

G. ROMANES. **L'intelligence des animaux**, avec une introduction de M. E. PERRIER, professeur au Muséum, 2 vol. in-8 cartonnés à l'anglaise   12 fr.

SCHOPENHAUER. **Le monde comme volonté et représentation.** Traduit de l'allemand par M. A. Burdeau. 3 vol. Tome I, 1 vol. in-8   7 fr. 50
Les tomes II et III paraîtront dans le courant de l'année 1888.

SERGI. **La psychologie physiologique.** Traduction par un MOUTON. 1 vol. in-8 avec 40 fig.   7 fr. 50

Ch. SECRÉTAN, professeur à l'Académie de Lausanne. — **La civilisation et la croyance.** 1 vol. in-8.   7 fr. 50

STRICKER. **Le Langage et la Musique**, traduit par M. Schwiedland. 1 vol. in-18.   2 fr. 50

TARDE. **La Criminalité comparée.** 1 vol. in-18.   2 fr. 50

WUNDT. **Eléments de psychologie physiologique.** 2 vol. in-8, avec figures, trad. de l'allem. par le Dʳ Elie Rouvier, et précédés d'une préface de M. Nolen.   20 fr.

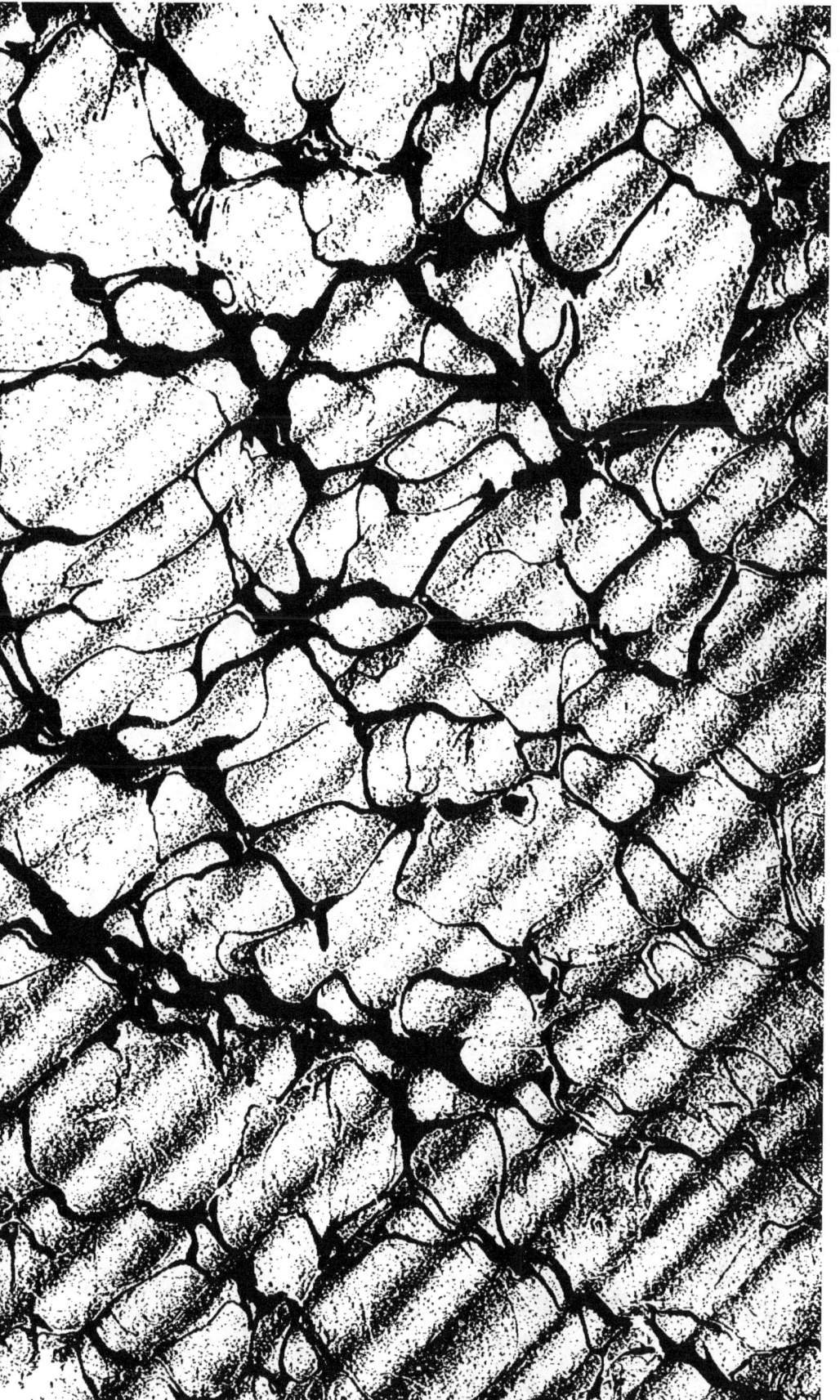

www.ingramcontent.com/pod-product-compliance
Lightning Source LLC
Chambersburg PA
CBHW060353170426
43199CB00013B/1849